潘光旦：守住灵魂的底线

潘光旦 著

江苏人民出版社

图书在版编目（CIP）数据

潘光旦：守住灵魂的底线 / 潘光旦著．-- 南京：江苏人民出版社，2018.7
ISBN 978-7-214-21832-2

Ⅰ．①潘…　Ⅱ．①潘…　Ⅲ．①社会科学－文集
Ⅳ．① C53

中国版本图书馆 CIP 数据核字（2018）第 055768 号

书　　名　潘光旦：守住灵魂的底线
著　　者　潘光旦
责任编辑　石　路
装帧设计　末末美书
版式设计　张文艺
出版发行　江苏人民出版社
出版社地址　南京市湖南路1号A楼，邮编：210009
出版社网址　http://www.jspph.com
印　　刷　天津中印联印务有限公司
开　　本　889 毫米 ×1194 毫米 1/32
印　　张　9.5
字　　数　190 千字
版　　次　2018 年 7 月第 1 版　2018 年 7 月第 1 次印刷
标准书号　ISBN 978-7-214-21832-2
定　　价　40.00元

目录

一 读书是为了不随波逐流

二 让灵魂跟上人生的脚步

三 最难不过求得一心安

四　那个时代知识分子的精神

五 旅途总有几分春暖秋凉

一

读书是为了不随波逐流

学问与潮流

近来常听人说潮流两个字，也常听人说顺应潮流四个字。尤其是在思想界里，好像真有一派浩浩汤汤的一种东西在那里走动似的。究竟有没有，我们不去断定他。我们要考虑的是：假如我们真在一种潮流之内，我们在学问界讨生活的人——应当如何对付。

假如你观察山涧里一派激流的水，除了你感叹“逝者如斯夫”之外，你也可以见到涧内种种东西应付水流的方法，是很不一致的。树叶，草根，落花，是完全跟水走的，可以算第一种。大一些的东西，例如石块，大树的老根，无论水流得如何湍激，是丝毫不动的，可以算第二种。涧床深处，有许多鱼，头部一律向着上流顶着，鱼身的方向恰恰和水流的方向相反；好像争着往上流游去，却是并不见有什么进步。他们是潮流中的挣扎者。

人世间，社会上，思想界里，若是真有像潮流一般的现象，那么潮流中的分子——人——应付潮流的方法，也就有不同的几派。不管潮流的方向目的，总是跟着走的，便好比涧水中的残花落叶。不管潮流的方向目的，总是困守着不动的，例如一部分食古不化的前辈，便好比山涧中的顽石。看出潮流的方向目的，遇到方向不大正直，目的不大光明的潮流，便知竭力挣扎，不肯轻放一着的，毕竟是少数有见识的人。在学问界讨生活的人应该就是这第三种人。他们好比山涧里的鱼，和潮流有相当的关系，却不会卷入旋涡，演灭顶的惨剧。

这都是常识，尽人而知的。但是近来似乎有一派哲学家在那里告诉人说，凡是已成为潮流的东西，我们都应当加入，应当顺应。为什么呢？一种事物而能成为潮流，能获得相当的声势，一定是经过了经验的盘驳的，一定是经过了生活的颠扑而不破的，质言之，一定有他的价值。

这似乎是极端实验主义的论调，他的是非我们可以不必管他，不过我们有一点怀疑。近代所称的“潮流”和前代所称的“风”似乎是没有多大分别；要是潮流没有不是的，那末，以前的风，如风气，风俗，风尚，推而至于一切社会公认的习惯和观念，当然都有他们的是处，我们又何必加以批评攻击呢？

依我们看来，潮流就是风尚，他们是不一定有价值的。尤其在这个只普及识字而未尝普及教育的时代，一种思想，一件货物，可以因普遍的广告方法，而立刻得捧场的人物，得一种浩大的声势，这种声势甚或可以历久不变。在学问界讨生活的人，在此种所在，应当知所趋避取舍，做一个时代潮流主动的引导者、选择者，却不做只是被动的顺应者。至少也应当做一个挣扎者，庶几对山涧里的鱼可以无愧。

（选自 1930 年 11 月《读书问题》）

观点

谈学问的人动辄要谈观点。三四个人讨论一个问题，费了许多唇舌，得不到一个可以共同承认的结论。便有人说，各人的观点不同，所以要有结论，自然也是各不相谋的。或是你我彼此争辩，最后的收场，虽不致不欢而散，也只落得一句“我和你的观点不一样，或是根本相反，自然是谈不上轨道了”。

这是常有的事。并且寻常到一个地步，令人不由得不怀疑“观点”两字，似乎已经成为辞穷理屈者的护身符。令人不由得不怀疑在这个侈谈观点的世界里一种事物还有没有是非真伪的定评。因为据他们的说法，似乎一切观点都有是处，并且是到同一的程度。

观点的滥用，窃以为有三四个原因。

第一，只知道自己的观点，而不兼顾别人的观点，就是不明白做学问的恕道。换言之，也就是不明白综合观察的原则。不过这个弊病，犯的人虽多，却犯得还不算深。你和人家讨论，至少可以听到这一类的话，如同我何尝见不到你的方面、我何尝不设身处地，等等。他未必真见到，真能易地相处，不过他在原则上既还明白，他至少不能不故作不偏见的表示罢了。

第二，不了解观点差等的原则。一切观点不能有同等的价值，是不言而喻的。除非一个问题是浑圆的，也除非我们观察者和问题的距离都是一样的，我们所观察到的各方面，自然不免有大小精粗广狭的差别。这个原则，不比前一个，似乎还没有得到一般从事于学问者的清切的认识。例如一个社会病理的问题，若犯罪行为，是一个多方面的问题，可以用许多观点来观察他，经济的，法律的，生理的，心理的，伦理的……但是这许多观点的价值决不能一样。社会对付犯罪行为，最初完全是根据法律和伦理两个观点的；后来渐兼顾到经济的观点，认定犯罪和生计有密切的关系；到了最近，才看出犯罪行为最根本的原因是生理与心理的。因为研究的功夫有进步，才看出一个问题各方面的大小轻重，才了解在观察一问题时，立脚点也有大小轻重。

第三，不了解同一观点，在异样情势之下，可以有不同等的价值。这在固执一个观点的人不能了解，自然无须说得；就是懂得观点差等的人也未必完全了解。但是我们可以举一个很简单的例。遗传和环境，究竟哪一方面重要，亘古至今，不知有多少人辩论过。其实是不难答复的。从自然界全般看去，天地的环境先于生物，也就先于遗传；我们推想将来，生物可灭，遗传可灭，而天地的环境比较常存；换言之，即环境为常，而遗传为变。但自纯粹的生物学方面及社会演化方面看去，二者的关系恰恰与前相反；生物遗传所凭的精质或种质，初不因普通的环境而发生变迁；我们行事，只可以拿环境迁就遗传，而不能强遗传迁就环境；换言之，即遗传为常，而环境为变。同一遗传，同一环境，而价值的轻重竟可以对换若此。

我们对于这二三简单的原则如能切实体会，许多无谓的观点上的争论和故步自封，就可以幸免了。

（选自 1930 年 11 月《读书问题》）

国难与教育的忏悔

近代所谓新教育有许多对不起青年与国家的地方。自国难一天比一天的严重，而此种对不起之处才一天比一天的无可掩饰，至最近且到一完全暴露的地步。这种对不起的地方可以用一句话总括起来说：教育没有能使受教的人做一个“人”，做一个“士”。

近代中国的教育没有能跳出三个范围：一是公民、平民或义务教育，二是职业或技能教育，三是专家或人才教育。这三种教育和做人之道都离得很远。第一种目的在普及，而所普及的不过是识几个字，教大众会看简单的宣传文字；说得最好听，也无非教人取得相当的所谓“社会化”，至于在“社会化”以前或“社会化”之际，个人应该有些什么修养上的准备，便在不议不论之列。第二种教育的目的显而易见是专教人学些吃饭本领，绳以“衣食足而后知荣辱”的原则，这种教育本是无可厚非的；但至少那一点“荣辱”的道理应当和吃饭的智能同时灌输到受教育的脑袋里去，否则，在生产薄弱，物力凋敝的今日，也无非是教“不夺不餍”的风气变本加厉而已。第三种所谓人才教育最耸人听闻，其实充其量也不过是一种专家教育以至于文官教育，和做人做士的目的全不相干；弄得不好，造成的人才也许连专家都当不了，文官都考不上。每年毕业的好几千大学生不就是这样么？

什么是士的教育？在解释之前，我们不妨先列一个很简单的图表：

- 士的教育
  - 理智的　“推十合一”
  - 情志的
    - 在平时　“不可以不弘毅，任重而道远”
    - 处为难　“见危授命”，“可杀不可辱”

《说文》在士字下引孔子的话说，“推十合一为士”。读书人最怕两种毛病，因为是最不容易避免：一是泛滥无归，二是执一不化。梁任公先生某次评阅学生的卷子，在评语里自承为一个“泛滥无归”者，这在梁先生也许是一种自谦之词，但这一类的读书人目前正滔滔皆是。泛滥无归的人患在推十之后，不能合一；执一不化的人，患在未尝推十，早就合一，这里所谓合一的合字，实际上是不适用的，因为其间并没有多少可合的内容。

士的教育也着重情绪和意志的培养。说“士不可以不弘毅，任重而道远”，是所以备平时；说“士见危授命”“士可杀不可辱”是所以备危难。以生命做一种理想的拥护者，是士的最后也最有力的一只棋子。而其所以能如此，则端赖平时的培养工夫。所谓弘，指的就是情绪的培植；用情有对象，这对象是惟恐其太渺小，太零星。所谓毅，指的是意志的训练，持志有方法，这方法是惟恐其太散漫，不能持久。张横渠所谓“不已闻见梏其心”，是弘。孟子所谓“持其志，无暴其气”，是毅。用今日流行的语气来说，前者是有度量、有气魄，后者是沉着、能撑得住气。久已成为口头禅的仁义二字，其实所指也无非这两层意思。朱子有两句话说得很好："义之严肃，即是仁底收敛。"严肃时即是毅，未收敛时即是弘。弘毅之至，一个人才敢希望于必要时走成仁取义的一步。

实践士的教育，须要两个步骤。第一是立志，就字义说，志是心之所在，或心之所止，即指一个人的生命总得有个比较认清楚的目的，也就是要打定一个健全的立身处世的主意。第二要学忠恕一贯的道理。读者到此，可能会说我越说越开倒车；其实开倒车并不是一个罪名，平沪车开到北平后，仍然要开回去的。不过我未尝不准备给这些古老的名字一个比较新鲜而易于了解的解释。忠就是笃信，外国人叫做conviction，说得更近代些，就是一个人总得有个轻易不肯放弃的立场。恕就是容忍，外国人叫做tolerance，说得更近代些，就是一个人同时也得见到和谅解别人的立场。其实这何尝不是以前的人造字的本意？忠字从中从心，董仲舒说得好，"心止于一中者，谓之忠，持二中者，谓之患"；一个人没有立场，或立场随便改换，甚至于覆雨翻云，朝秦暮楚，总不能说是很健全吧，不健全就是患。恕字从如从心，就是"他人有心，予忖度之"的意思。说忠恕一贯，就指两方面要兼筹并顾。能忠不能恕的人是刚愎自用的人，是党同伐异的人，是信仰一种主义而至于武断抹杀的人。能恕不能忠的人是一个侈言自由主义的人，动辄以潮流不可违拗，风气不能改变，而甘心与俗浮沉，以民众的好恶为依归的人。这两种人目前又正滔滔皆是，而其所以致此之故，就在以往二三十年的所谓新教育没有教我们以忠恕一贯所以为士之道；没有教我们恕就是推十，忠就是合一，恕就是博，忠就是约……这一类先民的教育经验。

别种教育，例如识字教育、吃饭教育、文官教育等，多少可以补习，可以追习，唯有士的教育不行，非在青年期内学习不可。青年有四个心理的特点：一是易于接受外界的刺激与印象，二是富有想象力与理想，三是易于唤起情绪与激发热诚，四是敢于作为而无所顾忌。这原是人生最可宝贵的四个特点，生命的尊严，文化的灿烂，都从此推演而出。不过他们有三四个危险：一是流放，二是胶执，三是消沉，四是澌灭。前三种危险在青年期以内便可以发生，后一种则大都在青年期以后。青年人的心理特点虽因年龄期而大致相同，而其整个的品格的表现则往往因遗传的不同而有个别之异。这种差别，约而言之，又不出狂与狷二途。大率狂的易流于放浪，而狷的易趋于胶执。放浪之极，或胶执之极，而一无成就，则“暴气”而不会能“持志”的结果，势必转趋消沉；而消沉之至，竟有以自杀做最后归宿的。所谓流放，初不必指情绪生活的漫无节制，举凡读书时代兴趣的泛滥无归，学科的东拉西扯，无选择，不细嚼，以及理想的好高骛远，不切事理，纷然杂陈，莫衷一是，都可以算做流放的表示。胶执的则恰好相反。有一知半解，便尔沾沾自喜，以为天下的事理，尽在于此；以为社会国家的彻底改革，非此不成；甚或以白日梦作生涯，以空中楼阁为实境，以精神分析派所称虔诚的愿望当做已成的事实，引为立言行是的根据。这两种趋势，方向虽有不同，而结局则往往相似，即不是一朝自觉而急转直下以趋于出家或自杀的途径，便是不自觉地变为疯狂，永久地，安全地，以幻作真，以虚为实，而再也不能自拔。

至于第四种的危险，即青年心理特性的澌灭，则往往在青年期以后。我们时常看见有人，在学生时代是何等的好奇爱智，何等的充满了理想与热诚，何等的志大言大，敢作敢为；一出校门，一入社会，一与实际的物质与人事环境发生接触，便尔销声匿迹，同流合污起来。求智欲很强烈、理想很丰富的会变做故步自封，患得患失；以天下国家为己任的会变做追名逐利，狗苟蝇营；家庭改革的健将，会变做妻子的奴隶，儿女的马牛。一言以蔽之，这种人的言行举措，前后会如出两人。何以故？青年的特性已经澌灭故。

如今士的教育效用无他，就是要调节与维持这种种青年的特性；调节，所以使不流放，不胶执；维持，所以不消沉，不澌灭。讲博约，讲忠恕，讲推十合一，即所以调节流放与胶执两种相反的倾向，使不但不因相反而相害，而使恰因相反而相成。讲立志，讲弘毅，讲自知者明，自胜者强，以任重道远相勖勉，以富贵不淫，贫贱不移，威武不屈相期许，险阻愈多，操守愈笃，至于杀身毁家而义无反顾；这些，即所以维持青年期内那种热烈的情绪与敢作敢为的无畏精神。再约言之，士的教育，一面所以扶导青年的特性，使发皆中节，一面所以引申此种特性，使不随年龄与环境之变迁而俱变。唯其在青年期内发皆中节，到了青年以后的中年与老年，进入学校环境以外的国家与社会，才有余勇可贾，才能负重任而走远道。

不幸，数十年来这种士的教育不但已经摧毁无余，并且快到无人理解的地步。在所谓新教育制度之下，一个青年所恃以立身、处世、应变、救国的力量，只剩得一些天生的朝气，或孟子所称的平旦之气，以及上文所说的四种特性的自然流露罢了。这种朝气与特性的流露，到了相当的年龄，即大约在春机发陈期以后，原无待乎何种特殊教育启发，方才流露，教育所能效劳的，事实上只不过是一点点调节与扶持的工夫而已。就今日的形势而论，因为缺乏扶持以致不调节的缘故，此种朝气与特性的自然流露几于无时无地不趋向流放与胶执的两个途径。近年来的学生生活以及几次三番的学生运动，便是十足的佐证。在比较生性活动的青年学子中间，我们总可以发现大量的不负责任的极端的自由主义者，浪漫主义者，甚至于颓废主义者。在比较生性固执而自以为有主张、有理想的分子中间，我们又可以找到大量的成见极深、武断太甚、党同伐异、不是左袒便是右倾的人。我一向主张学生不宜加入任何党籍，我现在还是这样主张，因为加入党籍的最好的结果，也不过是造成一些能忠而不能恕的胶执分子，其于民族国家不能有所裨益，和能恕不能忠的极端流放的分子，初无二致。不过私人的主张终究敌不过教育不瞅不睬的政策。教育根本不管这一类的事，它只要教人能识字，能吃饭，能应文官考试，能做一个专家，便已算尽了它的能事。及学生活动因流放而轶出了范围，或因胶执而造成了若干朋党，彼此攻讦不已，于是向之不瞅不睬的静态又不得不一变而为大惊小怪与手足无措的动态。一个出了学校，已能识字，已有吃饭本领，已做文官，或已成专家的人，在社会上犹不免作奸犯科，殃民祸国，教育对它的态度，也正复如此——一个瞪着眼的诧异与全不了解。种麻得黍，教育不问种的究竟是不是麻而深以为黍的出现的大惑不解。近代的教育便常在这种迷惘的情态之中。

国难的形成，自有它的内因外缘，若就其内因而论，我始终以为教育要负很大的责任。教育没有教一般人做人，更没有教一些有聪明智慧的人做士，没有教大家见利思义，安不忘危；没有教我们择善固执，矢志不渝；也没有教我们谅解别人的立场而收分工合作之效。我以为近代的教育不知做人造士为何物，是错了的；错了，应知忏悔。

（写于 1936 年，原载《政学罪言》，观察社 1948 年 4 月初版。）

中国人文思想的骨干

一个国家或一个时代的文化，必有其重心所寄，必有其随时随地不忘参考的事物，必有其浸淫笼罩一切而大家未必自觉的一派势力。这种重心、事物或势力，归纳起来，大率不出欧美所称神道、人事、自然三大范围，或中国所称天、地、人三才的范围。中西相较，天可以对神道，地可以对自然或一切物质环境，人可以不用说。

就西洋文化史而论，希伯来文化是重神的，希腊文化是比较重人的，中古时代的文化和希伯来的相像，“文艺复兴”时代的文化和希腊时代的相像；所以英人安诺德（M.Aruold）有“西洋文化，无非为希伯来主义与希腊主义互为消长”之说。降至近代，神道的地位固已日就衰落，但西洋文化之究为人的，抑为物的，则论者颇不一其辞；我们隔江观火，也许比较清楚，不妨认为名为是人的，而实际则是物的，面子上是人本，骨子里是物本，因为我们随时随地可以观察到物质以人为刍狗的事实。不过我们也觉得，物本的文化，在一部分思想界里，现在已经发生一种反响，所以近年以来，在那里力求解脱的，也大有人在。

就中国文化史而论，在各个方面我们也都能找出一些代表来。

春秋战国是各派思想孕育得比较成熟的时期；那时候真是什么都有。讲天道的有墨子，重自然的有老庄，以人事为本位的有孔孟。战国以后，各派盛衰消长之迹，大体上也很显明。墨子最先销歇，儒家最受推崇；道家除在两晋六朝与唐代之际，一部分因统治人物的提倡，有过一度振作外，平日的势力并不十分具体。汉以后佛教势力日渐扩大，至六朝而臻极盛，但是它的性质并不划一，大率平民所崇拜的是它的神道的部分，而智识分子所注重的是修身养性的部分，多少不脱人道的意味。

但全部中国文化史终究是一个重人道的文化史。各派思想中，比较最有线索最有影响的也终究是儒家。春秋战国以前暂且不说。秦重用法家，排斥以古非今的儒生，固然是儒家遭逢厄运的一个时期，但这时期并不长久。汉代以后，儒家的地位便已根深柢固。三国、两晋、六朝和唐的时期里，儒、释、道三家并育不悖，但主体依然要推儒家；六朝与唐代的四五百年间，佛家虽盛，但也曾再三受政府的压迫，出家人被勒令还俗之事，屡有所闻；无非是儒家不肯放弃它主体的身份的表示，五代以后，儒家地位的牢不可破，也是无须说得的。

儒家思想的对象是人道，所以人文思想和儒家思想两个名词往往可以通用。所谓人道并不是很侊侗的一种东西。西洋“文艺复兴”时代里所盛称的人道（humanity）似乎目的专在对付历代相传而畸形发展的神道（divinity），近时西洋人文主义者所盛称的人道（law for man），又似乎专门对付物道（law for thing），两者都可以说是很侊侗的。中国儒家的人道却并不侊侗，它至少可以有四个方面，四方面缺一，那人道就不完全。

第一方面——对人以外的各种本体。

第二方面——对同时存在的别人。

第三方面——对自己。

第四方面——对已往与未来的人。

这四方面合拢来，就成为题目中所称中国人文思想的骨干。现在分别说一说。

第一方面当然是最基本的。所谓各种主体，可以包含许多东西，概括着西洋的神道与物道或中国三才中的天地两才所指的一切事物。一切自然的物体当然在内。但人道范围以内的事物，或人为的事物无论抽象的所谓精神文化，或具体的物质文化，如一派信仰、一种制度、一件器用，也往往会畸形发展到一个尾大不掉的程度。使人不但不能驾驭，反而被驾驭，不特无益于人，反有害于人，原以辅助人道始者，反以危害人道终，这样的一种事物就俨然取得了本体的身份，可与人道对抗，驯至人道无法抵抗而至于衰微寂灭。

我们不妨举几个例。欧洲中古时代神道抹杀人道的事实，是谁都知道的。近代文化中物道抹杀人道的种种情势，近来也逐渐受人公认。这都可以不说。但历史上与目前和人道不相成而相害的事物固远不止神道与物道而已，国家主义的只认家族不认人，金钱主义的只认金钱不认人——何尝不是很显著的例证。这些主义自然也有用得到人的地方，但他们所见的并不是人，而只是公民，只是社会或阶级的一分子，只是家族的一员，只是父亲的儿子，是生产财富的一分势力而已。就在个人主义所认识的也并不是人，而只是一个个人！就在近代教育所注意与期望的也并不是人，而是一些专家，一些不通世事的学者罢了。人道之在今日，事实上已经被宰割，被肢解。

人利用了自然的事物创造了文物的环境，他自己应该是主体，文物的环境终究是一个客体；但结果往往会喧宾夺主，甚而至于反客为主。人也创造了全部的意识的环境，包括宗教、道德观念、社会理想等在内；他自己应该是一个主体，而意识的环境是一个客体；他自己的福利是一个常，意识环境的形式、内容与组织是一个变，应执变以就常，不应强常以就变；但结果却往往弄得常变倒置，主客易位。这种局面，是讲究人文思想的文化所最犯忌的，因为充其极，人类在天地间的地位，可以根本发生动摇，至于立脚不住。所以在希腊的人文文化里，便有“任何东西不宜太多”（nothing too much）的原则，太多了就有积重难返、尾大不掉的危险。中国的儒家思想在这方面比希腊人还要进一步，它以为就是在这一跳“任何东西不宜太多”的原则也不宜太多，即不宜运用得过火。孟子不是有过一段评论子莫的话么？杨子为我，墨子兼爱，子莫执中，孟子说：“执中为近之；执中无权，犹执一也；所恶执一者，为其贼道也，举一而废百也。”所以儒家的人文思想里，于“经”的原则之外，又有“权”的原则。执中无权，犹且不可，其它不执中的种种执一的例证，也就不必举了。

中国人文思想的第二方面的对象是与本人同时存在的人，换一种说法，它所要考虑的是人与人之间彼此应有什么一种分别，应有什么一种关系。在这一方面，中国文化可以说是最在行的，就是希腊文化也没有它那样见得清楚，说得了当。

说来也是谁都知道的。中国人文思想里又有一条极简单的原则，叫做“伦”的原则。但这条原则虽然简单，虽只一个字，却有两层意义，一层是静的，一层是动的。静的所应付的是上文所说人与人之间的分别，动的所应付的是人与人之间的关系。所谓静的人伦，指的是人的类别，人的流品。类别事实上既不会不有，流品也就不能不讲，因为人是一种有价值观念而巴图上进的动物。《礼记》上说：“拟人必于其伦”，那伦字显而易见是指的流品或类别。历代政治，最注意的一事是人才的遴选，往往有专官管理，我们谈起这种专官的任务来，动辄说，“品鉴人伦”，那伦字显而易见又是指的类别与流品，近来我们看见研究广告术的人，讲起一种货物的优美，也喜欢利用“无与伦比”一类的成语，那伦比的伦字当然又是静的类别而不是动的关系。

明白了静的人伦，才可以谈到动的人伦，因为动的是建筑在静的上面的。这动的人伦便指父子、君臣、夫妇、兄弟……之间分别应有的关系。静的人伦注意到许多客观的品性，如性别、年龄、辈分、血缘、形态、智慧、操行之类。如今动的人伦就要用这种品性做依据，来擘求每两个人之间适当的关系，即彼此相待遇的方式来。静的人伦所重在理智的辨别，动的人伦则在感情的运用。

这静的伦与动的伦是相辅相成、缺一不可的。仅仅有静的伦，仅仅讲流品的辨别，社会生活一定是十分冷酷，并且怕根本上就不会有社会生活，历史上也就不曾有过此种实例。仅仅有动的伦，仅仅谈人我的应如何相亲相爱，完全不理会方式与程度上的差别，结果，不但减少了社会进步的机缘，并且日常的生活亦流入了感伤主义一途；这种被感伤主义所支配的社会生活，历史上却很有一些例子，在今日的西洋，例子尤其是多。我们在这里，就可以看出“人文思想”和常人所乐道的“人道主义”的不同来了。同一重人道，同一注重道的和同，而后者所见的“同”等于“划一”，等于“皂白不分”，所见的“和”等于和泥土粉末之和，而不是和调五味之和；前者所见则恰好相反；荀子在《荣辱》篇所说的“斩而齐，枉而顺，不同而一”，最能代表这一层精意。前者并且其同与和之间，特别着重和，认为与其同而不和，毋宁不同而和。

西洋希腊以后的文化是不大讲伦的，即使讲，也十分偏重动的一方面。最近自生物学与遗传学发达以后，静的一方面才受到优生学、心理学与教育学者的充分的注意。不过在日常生活里这方面的影响还很有限。在中国，以前是动静二者并举的，现在治伦理学与人生哲学者讲起伦字，却十有八九只讲动的伦，而不讲静的伦。但我们相信以前所谓“彝伦攸叙”或学宫中明伦堂上的“明伦”二字不单单指人与人的感情关系，殆可断言。

中国人文思想的第三方面对象是一个人的自己。人是一个人的总称，所指是一般的人性、人道、做人的标准、完人的理想等。但每一个个人也是人。一个人应付一个人固属很难，应付自己却也不易。人是一种动物，动物皆有情欲，在演化过程中的地位越高，情欲的种类与力量也似乎越多越大。在别种动物的生活里，情欲变化既少，随时又受自然的限制与调节。例如性的冲动吧，在大多数的高等动物里，一年中只有一个时期以内是活跃的，即自有其季候性的，但到人类就不同了，唯其不同，于是就发生了自觉与自动应付的问题。情欲之来，放纵既然不利，禁绝亦非所宜；于是怎样在两个极端中间，寻出一条适当而依然有变化的途径来，便成为历代道德家，以至于生理与心理学家所努力来的一大对象。但努力的人虽多，而真能提供合乎情理的拟议来的似乎只有人文思想一派。别的派别的目的似乎专在防止放纵的一个极端，防止越严，便越与另一极端相接近，就是形同禁绝。旧时基督教对于性和其他物欲的观念，便是一例。佛家的也是一例。但物极必反，好比时钟的摆一般，基督教的禁欲主义便终于造成了“文艺复兴”时代以及后来的自然放纵主义。此在当时虽也有人把它看做人文主义的一部分，其实它和人文思想的标准相去的距离，和禁欲主义的毫无分别，不同的只是方向罢了。

一九三二年的夏季，我有烟台之行，在轮船上遇见一件很有趣的事。在头等舱的饭厅里，我发见在一只四方桌上，坐着四个女子，东南两边的两个，是天主教里的“嬷嬷”，南方人叫做“童身姑娘”，她们除了面部和两只手以外，其余的身体是包扎得几乎不透风的；西北两边的却是两个白俄的娼妓，她们不但袒胸露臂，并且连鞋子袜子都没有穿，只穿上拖鞋。她们四个每餐都这样的坐在一起，自然只有两搭角说话，两对过之间则横着一道无底的鸿沟，到“审判的末日”，还是通不过去。

在受人文思想支配下的中国文化里，这道鸿沟是没有的，至少就大体而论，没有这么广阔深邃。我们平日应付自己的情欲时，所持的大体上是一个“节”的原则，既不是“纵”，也不是“禁”。我们把男女和饮食同样看作人生的大欲，本身原无所谓的善恶。诗人论一代的风气制度，首推《周南》《召南》文化，甚至于把“内无怨女，外无旷夫”看作良好政治的一个基础和一个表识。讲禁欲主义的佛教虽在中国有很大的势力，但佞佛的人平日既有“做居士”“带发修行”一类的假借的方法，而遇到做和尚做尼姑的风气太厉害的时候，政府也会出来干涉，影响所及，便远不如基督教对于中古欧洲的深刻。在性以外的其他方面，亦复如是。例如饮酒，我们的原则是“不饮过量”“不及乱”，如大战以来美国民族所开的那种玩笑，在中国是从没有发生过的。但近时也很有人把“节”与“禁”混为一谈，例如妇女节制协会对于烟酒的态度，名为节制，实际上却主张禁绝。

“节”字从竹，指竹节，有分寸的意思，凡百行为要有一个分寸，不到家不好，过了火也不好。不但情欲的发出要有分寸，就是许多平日公认为良善的待人的行为也要有个分寸。所以《论语》上有“恭近于礼”，则远耻辱，“克己复礼”始得谓仁一类的话。礼字原有两层意义。教育修养的结果，使人言动有节制，有分寸，便是合礼，这是第一义，是多少要人内发的。凡属可以帮生活的忙，使言动合乎分寸的事物工具，也是礼，是第二义。是由社会在环境中加以安排的。后来的人似乎但知礼的第二义，即仅仅以“仪”为“礼”而忘了礼的第一义，积重难返，最后便闹到了“礼教吃人”的地步，如今“恭近于礼”与“克己复礼”的礼，显而易见是第一义的礼。恭也要恭得有分寸，克己也要克己得有分寸；所以“摩顶放踵利天下”的宗教家与侠客，在人文思想家的眼光里，并不是最崇高的典型人物。

中国人文思想在第四方面的对象是已往与未来的人与物。人文思想者心目中的人是一个整个的人，囫囵的人。他认为只是一个专家、一个公民、一个社会分子……不能算人；人虽是一个有职业、有阶级、有国、有家……的东西，他却不应当被这许多空间关系所限制，而自甘维持一种狭隘的关系或卑微的身份。这是在讨论第一方面时已经提过的。如今我们要更进一步地说，一个囫囵的人不但要轶出空间的限制，更要超越时间的限制。换一种说法，他现在那副圆颅方趾的形态，他的聪明智慧，他的譬如朝露、不及百年的寿命，并不能自成一个独立的单位，不能算是一个囫囵的东西。真要取得一个囫囵的资格，须得把已往的人类在生物方面与文化方面所传递给他的一切，统统算在里面。不但如此，他这承受下来的生物的与文化的遗业，将来都还得有一个清楚的交代。约言之，他得承认一个“来踪”，更得妥筹一个“去路”。认识了来踪，觅到了去路，这个人才算是相当的完整。

在中国人文思想里，这一点是极发达的。在文化的传统和生物的传统方面，我们都轻易不肯放松。师道尊严，创述不易，所以叙一个大师的学问时，我们总要把他的师承与传授的关系，叙述一个明白，甚至于要替他编列出一张道统和学统的世系表来。但尤其要紧的，毕竟是生物的传统。若有人问什么是儒家思想最基本的观念，我们的答复就是本的观念，或渊源的观念。所以说到，万物本乎天，人本乎祖，孝悌是为人之本，君师是政治之本，乡土是一人根本之地，一个人无论如何不长进，只要不忘本，总还有救。所以要尊祖敬宗，所以要慎终追远，所以要有祠堂，要有宗谱。既惓惓于既往，又不能不惴惴于未来。所以便有“有后”之论，所以要论究“宜子孙”的道理；有了有价值的东西，总希望“子子孙孙永保存”。更进而把已往与未来相提并论，于是祠堂与宗谱里面便充满了“源远流长”“根深叶茂”“继往开来”“承先启后”“光前裕后”……一类标语式的笔墨，记得唐朝有一位文学家替人家做墓志铭，劈头就是两句：“积德垂裕之谓仁，追远扬名之谓孝。”追远扬名之所以为孝，是谁都了解的，但积德垂裕之所以为仁，却早经后人忘却，反而见得新颖可喜。

这一方面的人文思想，在西洋是很不发达的。近日始有一派的思想稍稍的谈论到它，就是讲求淑种之道的优生学。美国有一位优生学者说，我们要提倡优生学，我们先得提倡一种“种族的伦理”，又有一位说，我们应该把忠恕的金科玉律推广到下代子孙的身上，试问这种见地和我们“垂裕后昆”“庆钟厥后”的理想又有什么分别？所谓种族的伦理与下逮子孙的忠恕又岂不就是上文那位唐代的文学家所提的仁字。不过我们却要忝居先进了。

我们到此，便可以把上面所讨论的人文思想的四个方面并在一起说一说。这四个方面都受一个原则的节制，就是分寸的原则或节制的原则。在第一方面，我们要防人以外的本体或俨然有本体资格的事物出来喧宾夺主，以至于操纵我们的生活。换一种说法，就是人和它们各个的关系，都得有一个分寸。“敬鬼神而远之”“虽小道，致远恐泥”一类的话，所指无非是一些分寸的意思。甚至于我们把人看作中心、看作比其他本体都要重要的时候，也还得有个分寸，决不能目空一切，唯我独尊。所以孔子对于鬼神、天道、死，始终保持一个存疑的态度，不否认，也不肯定。所以至少在董仲舒的眼光里，通天、地、人三才的人才配叫做儒。所以至少儒者平日对人接物的态度要居敬，要自谦，要虚己。这便是“人文思想”与“人本主义”根本不相同的一点了。西文中“儒门业士盟”（humanism）一字，有人译为人本主义，也有人译为人文主义；但若就中国儒家的思想而论，那确乎是人文而非人本；目下美国流行的想取基督教而代之的那一派信仰，才不妨叫做人本主义。他们的那种超过了分寸的自负心理与自信心理，以为一切一切，都在人自己手里，要如何，便如何，以前中国的人文思想家便不能接受。我也以为不相宜，我不但不能接受人本主义，并且觉得人文主义中的主义两字就不妥当，有执一的臭味，所以本文始终只说人文思想，而不说人文主义。

人文思想的第二方面，也不免受分寸观念的节制，是最显明不过的。静的人伦，一壁以自然的变异做基础，一壁以价值的观念来评量，自然是讲分寸的。动的人伦所承认的最大的原则，不外用情要有分寸，满足一种欲望时要有分寸。所以亲亲有杀，尊贤有等；所以孟子有亲亲、仁民、爱物的论调。讲到用情要有分寸，岂不是就和人文思想的第三方面衔接了起来？一个人情欲的外施，有的是比较限于自身的，例如饮酒；有的却迟早要影响到别人的休戚利害，例如性欲。不论为了自己的福利讲分寸，或为了别人的福利讲分寸，以至于为了节省物力讲分寸，结果总是一般的福利的增加，一般的位育程度的提高。这种福利的增加与位育程度的提高，以前的人文思想学者就叫过“和”。所以说：“发而皆中节，谓之和。”又说：“礼之用，和为贵。”

其实平心而论，除了在情欲上讲分寸以外，社会生活就再也没有可以发生“和”的途径。如其走放纵的那条路，结果自然到处是权利的冲突，虽不至于到道学先生所说的“人欲横流”的地步，至少那种骚扰纷乱的局面，例如目下的国际情势与大都市里的工商业状况，是无可避免的。如其走禁绝的那条路，修道的修道，念佛的念佛，理论上，在人与人之间，便根本不发生和不和的问题，因为和的局面是先得假定有两个不同的东西发生接触；如今因禁欲的教条的关系，两个人既同在一种紧锁与收敛状态之中，调和不调和的问题当然不会发生。但事实上，这禁绝的路，却往往是产生更大不和的一个因缘。在个人方面，近代精神病学所告诉我们的种种的病态已经是够明白了。而此种个人的内部的不和迟早亦必不免形诸生活、造成社会的不和而后已。

其在第四方面，这分寸的原则也是一样的适用。无论哪一方面，我们都发见由三个据点所构成的一个格局，两点是静的两级，一点是动的中心，就是人自己或人所立的一个标准。第一方面是天、地与人道之人。第二方面是社会、个人与能兼筹并顾到社会需要与个人需要的人。第三方面是情欲的放纵、禁遏与适当的张弛操守，也就是节制。第四方面呢？两极端指的是既往与未来，而中心之点是现在或当时；三点之中对人最有休戚关系的当然是现在，理应特别加以措意。但若我们过于注意现实，只知讲求所谓现实主义，置已往的经验成效与未来的理想希望于完全不闻不问之列，那我们也就犯了执一的弊病，不鉴戒于前车的得失，则生活的错误必多，无前途的瞻望希冀，则生活的意趣等于嚼蜡，这便是弊病之所在了。反之，如果一味依恋着过去，或一味憧憬于未来，则其为执一不悟，更自显然；至其弊病之所在，在前者为食古不化、故步自封的保守主义，在后者则为不知止与不知反的进步主义或维新主义；方之于水，前者等于不波的古井、不流的腐水死水，后者则有如既倒的狂澜、横流的沧海，奔放而靡所底止，两者都失去了水的效用。但若我们一面把握住现在，一面对已往与未来，又能随时与以适当的关注，无论前瞻后顾，脚步始终踏实踏稳，这些弊病就不至于发生了。一样的执中，这执中是有权衡的。有权衡也就是有分寸。

人文思想的四个方面很早就在中国儒家哲学里打成了一片，有如上文所述。西洋的思想界，自“文艺复兴”以来，也不时以人文主义相号召，最近二十余年间，且骎骎乎有成为一种运动之势。上文所叙的四个方面，也随时有人谈到，但不是举一遗二，便是主甲的人与主乙的人互相攻讦。例如近来美国流行的宗教人文主义便始终没有越出第一方面的范围，并且始终没有摆脱狭隘武断的人本主义的臭味。白璧德（Irving Babbitt）教授一派的人文主义是以第三方面做重心的，其涉及第一方面时，则谓与神道主义携手可，与自然主义携手则万万不可，议论往往有不能自圆之处，且对于任何事物的深恶痛绝，本身便不是一个人文思想应有的态度。他们也承认人与人间的关系，应适用差等的原则，但于伦的观念，所见尚欠真切。至于第四方面，他就几乎完全没有提到。至优生学者，则一面接受狭隘的人本主义，认为人类对于自己的前途演化，即自己的运命，可以完全控制，一面根据变异、遗传与选择的理论，自亦特别注意到第二方面类别与流品的部分；第三方面则几乎完全不问。英国哲学家席勒（F.C.S. Schiller）一派的人文主义最初几完全致力于智识与逻辑的“人文”化，后来和优生学者携手以后，范围始较前扩大。总之，在近代的西洋，我们还找不到一派比较完备的、可与中国儒家哲学相比拟的人文思想。

中国人与国故学

照现在的趋势看去，中国人有一天太平了，想研究本国已往的文物，也许要到外国去才行。现在研究西洋文物，非到外国去不可；将来研究自己的文物，怕也非到外国去不可。现在的文化寄生生活，已经很可怜；将来的寄生生活，怕更要可怜咧！

这决不是耸动视听的危言，有两种强有力的证据。一是外国研究中国文物的人一天多似一天，而且研究的成绩一天精似一天；同时中国人自己做这种研究的人并不见得加多，并且精到的程度未见得能超过外国人，有时竟不如他们。二是中国的古物，比较值钱一些的，几十年来，不断地向外国输送，近来输出的数量和速率似乎更比以前要显著。古物一到了外国，外国人确能利用他们，用十分十二分的精神来阐明中国已往的典章文物。研究的东西既给他们搬运了去，老师的身份又让他们占了去；将来我们若完全不求振作，不想做考古的学问则已，否则怎样能不就教于外国的支那通先生们呢？

江南有句俗话，因人成事叫做“向人家手里讨针线”；现在国故学的趋势，似乎要向人家手里讨自己的针线了。这种向人讨自己针线的文化功夫，近来已经是数见不鲜。最近从德国译回来

（“译回”的名词是我杜撰的，不过怕以后很有希望可以通用！）的什么《左传真伪考》，便是一个好例证。从东瀛“译回”来的书本，何止数十百种，我们早就司空见惯了。

然而这还是请人家来迁就我。我们把外国人研究中国的成绩译回到中国来，安知不是专供我们批评之用的呢！这也许是的。冠冕话尽可以怎样说，但是移樽就教的日子怕已经在目前了。前年美国哥伦比亚大学中国文化教授Carter死了，继任的是向负盛名的一位法国支那通Pelliot（中文名字，好像叫做伯希和）；因为慕他的名，许多中国学生就选了他的课。他第一天上课，便突如其来地发了一篇《大秦景教流行中国碑》的全文，叫大家加以句读。这篇碑文里很有几个生字，并且是骈俪的体裁，竟把大部分的中国学生难倒了；他们很费了一些踌躇斟酌，才算交了卷。后来留学生们开会，特请Pelliot来演讲，主席某君致介绍辞，开口便说“中国文化是世界最古的文化，今天……”；Pelliot上台，开口便把主席的话驳斥了一番。中国的文化是不是最古，暂且不问他，不过一把斧头决不能舞得如此容易，何况在“班门”之前呢？这位Pelliot不是别人，敦煌石室的藏经一大部分是他搬去的。

中国好比一个败落的世家，外国是几个暴发的富户。彼此毗邻而居，不上几年，世家的遗物不知不觉地都落到富户手里去了；富家子弟得到了这种遗物，也不免打动了研究的兴趣，结果反足以在世家的子弟前面，炫耀他的博学。这都是很自然的。不过，近来这个世家似乎有力图自拔、重振家声的欲望与决心。前有所谓国家主义，今有所谓民族主义，无非是这种欲望与决心的一个表现。但只有决心是不够的，同时要有具体的方法。

谁都知道这种方法之一，便是旧文物的保留和研究旧文物的提倡了。世家的家主要子弟们争气，第一要让他们知道，他们的列祖列宗做过什么事业，有过什么贡献；祖宗的作为，子孙的无用，两相比较，一定可以引起子孙辈的自奋。否则日呼千百遍的“争气”，也是徒然的。

在民族主义或是国家主义的呼声中，我希望国人对于国粹之保存国故之研究，要有一番新作为。庶几前途向人家手里讨自己针线的难堪勾当，也许可以幸免了。

（选自 1930 年 11 月《读书问题》）

教授为学问之大敌说

这是美国实验主义哲学家詹姆斯（Wm.James）与英国大致同派的哲学家歇雷（F.C.S.Schiller）谈话中间的一句。这句话究做何解，很耐人玩味。至少可以有三个说法。

第一个说法是歇雷的，怕也就是詹姆斯的。下面就是歇雷的话。“一行学问的旨趣，在使学他的人天天加多，他的影响天天扩大出去。教这行学问的那位教授的旨趣，却未必在此，他要巩固他的地位，要增高他的权威。他的方法，便在使这行学问越变越专门。越专门，懂他的人便越少，有力量来批评他的人便越少；他就越觉得自己超凡入圣……他的专门名词越来越多，弄得人人莫名其妙……长此不改，不论哪一行学问，必有教之不得学之不屑的一日。”所以说，一行学问的大敌，便是这行学问的教授。这是第一说。

孔子说：无意，无必，无固，无我。近世所谓科学精神也不外这四个大字。这可以说是学问家的四条清规，面子上，做学问的教授们似乎都很守清规的；事实上，一条不犯的，却寻不出几个来。大凡一个研究生，一个助教，总是小心翼翼的；到得后来，自己略微有些根柢，有些贡献，便要自称或加入某个派别。一有了派别，西人所谓school，于是入主出奴，是丹非素的精神，便一天发达似一天。他未尝不继续作研究功夫，然而他的立足点不免十分褊狭；这便是犯了固字与我字的毛病。要是他向来的方法是不大谨严的，到此也许更要犯意字必字两个毛病。

这许多毛病，在哲学家方面，真是不一而足；所谓系统的哲学家，我看无一幸免。科学家方面略微好些，然而数派或两派对峙的局势是常见的。极端的达尔文派与极端的拉马克派对峙；雷勃的机械派与杜里舒的生机派对峙；皮耳孙的统计遗传派与达文包的曼氏遗传派对峙；行为心理派与意识心理派对峙。诸如此类，在从事的几位教授，双方钩心斗角，容有相当兴趣，但在那一行学问方面，却多少不能不受打击。研究一行学问的教授，一有派别，这一行学问，在那位教授手里，至少已是宣告局部封锁了。教授是学问的敌人，这是第二说。

这两个说法，第一说似乎不适用于中国的教授；因为大多数的连一行学问的术语都记不清楚，遑论播弄他来吓人。第二说比较适用些。中国教授近来也有派别了。不过他们的派别，很少是自己的本领赚来的。那一派的有些名望的教授先有机会教他，他自以为拳拳服膺了，他便替那一派说话，替那一派辩护。这是很自然的，青年有志的学者，哪有不愿意追随骥尾的呢？记得有一位老朋友，初入美国某大学，在某大教授下专攻某科；他的谈吐主张，不知不觉就入了他老师的派别，开口闭口的是“我师”“我师”。后来他毕业了，转入另一大学作研究生，我就再也不听见他提起他的老师，吐属也从此不同了。我看中国教授所自标或自期许的派别，多数是如此得来的。

然而中国教授所以为学问之大敌者却不在此。他们大多数除了介绍西方几本教科书以外，本来不做什么研究，在某行学问上不预备生什么净利。他们所以为学问之敌者，却在他们以教授自居，人家也口口声声地用教授两字捧他。

欧美各国大学的学生未必如何特色，收取学生的条件未必如何严密，然教授的资格却非同小可。在德国制度之下，从试教到正教授，中间要经过十数年或数十年的磨难和谨严的学者生活。美国的制度似乎宽些，然而相当的年限也少不得。从助教、副教授，到正教授，决没有躐等的，更没有刚从大学或大学院出来一跃而为教授的。做别的事也许可以不讲资格和经验，学问是积铢累寸的东西，非讲不可。中国近来的大学，既如雨后春笋，应运而生的教授当然比春笋更要多了。然而调查起大多数的履历起来，最了不得的是刚出大学院的哲博或法博（是J.D.，不是LL.D.）。我说此话，不是推崇学位，不过得过博士的教授，至少大概做过一篇多少自出心裁的论文，比较差强人意罢了。

一国各大学的教授，总看起来，是一个不组织的最高学府，所以当教授的责任与使命是非常重大的。如今中国的教授，十之七八，既无成绩在前，又不亟起直追于后，使当教授之名而无愧；结果，除了一行学问，在这位教授手里不得不宣告停顿外，还有一个绝大的危机。就是使登他“门墙”的人，并不见门墙如何之高，于是学问界幸进之人一天多似一天，吃教授饭的人一天多似一天；到得教授完全成了一种糊口的职业，中国的学问界就可以宣告破产了。除非有别派健全些的势力出来替他，这是不可幸免的。这不是危言，近来已很有这种趋势，前月工会组织发达的时候，不是有人提倡设立一个教授协会么？当时我顾义思名，以为与其沿用教授二字，遭非智识阶级的非难，不如称为“课业工会”，与其他工会一致行动，比较妥切些。这个工会的大目的，当然也在“保护并发展自身的利益”了。所以若有不做教授的人来谈学问，工会也许要出来干涉；不入工会的学问家，也许不准居教授之名，不许在大学里教书。此种现象，目下虽尚无有，不过若是不讲资格和职业化的两个倾向长此不改，早晚不免有这个日子罢了。

总之，就现在情形而论，中国多一个教授，哪一行不幸的学问即多一个障碍，少一分进境：因为他把持了这一学问，一面自己不努力下去，一面使有志力者不能问津。教授——尤其是今日中国风行一时的教授——是学问的大敌，这是第三个说法。

（选自 1930 年 11 月《读书问题》）

科学研究与科学提倡

“科学研究”与“科学提倡”是完全两件事，但是我们中国人似乎分不十分清楚。这两件事是有先后的，提倡时期在前，实地研究时期在后，但是我们中国人讲究了二三十年的科学，到如今似乎还在第一时期之内，还是始终在那里提倡。

最近吴稚晖先生的全集出版了。翻看他的总目，第一集便是堂而皇之的“科学”；但是仔细看去，十多篇的文字里，一部分是有提倡性质的，其余连提倡的意味都不很明显，和实地研究更是不相干了。然而在我们中国人的眼光里，这都是科学文字，凡做科学文字的人，不妨奉以为圭臬。

大约三十年前，英国生物科学家、《天演论》的著者赫胥黎让他的全集公布于世。这部全集实在有两大部分。第一部分是赫氏的通俗论文，演讲的底稿，与在生物科学以外的研究录，合订成九大册，是Appleton公司出版的，总名为“赫氏论文集”。第二部分是赫氏生物科学研究的成绩，是赫氏一生用了积铢累寸的功夫得来的；每一篇有一篇的特殊贡献，在科学史上有永久的价值的；这一部分合订成四厚册，归Macmillan公司出版。如其把这两部分的内容比较一下，可知在第一部分里的文章，不论他包含多少科学的材料，终究只好放在第一部分里，在第二部分里是完全没有位置的。为什么？因为他只有提倡性质，而没有研究性质。

见了吴老先生全集的目录，因而联想到赫胥黎的全集，因而引起一番比较。这并不是对吴老先生有甚批评；吴老先生虽很难说是一个科学家，但是他有他的学术上的贡献，我们不能小觑。不过编书的人把他一部分的文墨归并起来，贸贸然冠以科学二字，很足以表出我们中国人分不清楚科学研究和科学提倡的迷糊心理罢了。

中国的科学没有跳出提倡时期，并且没有把提倡和研究分清楚，还有一个很好的证据。这个证据可以在中国科学社的组织里见到。科学社里的领袖人物，都是有相当能力的，那决没有问题；但是中间有几位领袖，无论他学问如何淹博，能力如何广大，却似乎与科学二字不能发生多大关系，或者从前发生过关系，如今事过境迁，这种关系就很难维持了。欧美各国科学组织的领袖，十九是在科学研究上，不论哪一方面，有过多量的成绩的。他们有了研究的成绩，出来发提倡的议论，自然不怕没有良好的影响。但是中国人的提倡科学，就是许多科学社里出来的人物，怕不免始终在那里隔着靴儿搔痒。隔靴搔痒式的科学提倡，如何可以使中国的科学事业脱离提倡时期而进入实地研究时期呢？

总之，科学原无须乎特别的提倡，至少，科学提倡不能成为一种独立的作业，也不是一张嘴、一支笔可以做得到的。给有志于研究的人一个生存的机会，把他们的成绩奖励起来，他们的人格推崇起来，这提倡的至意便寓于其间了。

（选自 1930 年 11 月《读书问题》）

尚同与尚异

《太平导报》太平民作尚异三篇，论尚异尚同和治乱的关系，很是针对今日时局的一篇文字。

但是我很怀疑“尚异”这个名词。

统观宇宙，上自星象的形成，下至人类的繁殖，自其动者而观之，无处不是“变”；自其静者而观之，无处不是“异”，自然历史家名此种现象曰变异。再就人类自身而论，有性别，有年龄之别，有种族之别，更有智愚能鄙贤不肖之别，而智愚能鄙贤不肖之间，更有程度之不齐，流品之不一。自生而知之的上智至困而不学的下愚，中间可以分出许多等级来。这是程度上的不齐。社会分子里有画师呀，乐工呀，诗人呀，科学家呀，优伶呀，律师呀……这是流品的不一。不要说人人不能有做律师、做诗人……的希望，要使这许多互异的品类易地以处，怕就绝不容易了。社会生物学家根据了变异的概念进而名此种流品的不一致，曰：多形现象。

变异既是一种普遍的自然现象，有如上述。自然现象是自然发生的或有自然发生的倾向，我们若承认这一层，便知“尚”亦异，不“尚”亦异。我们若以变异的倾向是可欲的，则任其自然可耳，不加以抑制可耳，何必“尚”？

社会的位育有两方面：一方面是位，即是秩序，秩序的根据是社会分子间相当的“同”；一方面是育，即是进步，进步的根据是社会分子间适量的“异”。“同”而过当，社会生活便日趋保守，甚至于腐朽以死；“异”而逾量，社会生活的重心不定，甚至消失，演成一种无政府的状态。二者都是不相宜的。为社会秩序计,“同”非不可欲，然而不宜“尚”，中国史实早已昭示与我们了。为社会进步计，“异”当然可欲，然窃以为也不宜“尚”，尚则也不免有流弊。

尚异的流弊如何，在中国尚不多见。美国社会以尚异称，好处固有，害处亦不在少数。小而言之，社会分子的一言一动，在标新立异，炫人耳目，在求他们所谓sensational的东西或行为。这种情形一经普遍，即成一种浮夸放浪的风气；再要纠正他，便是社会教育的一个大问题了。

中国向无“主义”这个名词，有人要提倡推行一件事物，只说一个“尚”字；中国更无“反……主义”这个名词，要排斥攻击一件事物，只说一个“非”字。所以“尚同”就等于“划一主义”，尚异也可以名为“维异主义”。凡是主义这样的东西，要是常在几位哲学家的口里不吐出去，还闹不出什么大乱子来，至多宣告几次“论战”罢了。但一旦要传到民众的耳目里. 局面就可以立变。本来是一个假定，是一派理论，如今便成一条真理，一派信仰；本来只供少数人辩难的资料，如今却成多数人呼啸的口号，反复言之，只有主义可以号召群众。群众接受这个主义之后，这个主义就成为绝对的一种信仰，成为团体行为的一个大原动力。党同伐异的心理现象便是这种团体行为必然的一部分。

这种心理现象是容易解释的。“党同”可以说完全是模仿本能的产物，是求同意识的产物。上有好者，下必有甚，所以只要有少数有名望的人出来提倡，没有一种主义不受群众的归附的。模仿性和求同意识为政治社会成因之一，已是一种通论，不用我多说。然党同何以必伐异而后快？同者本不必党，既成了党，既称曰党，便包含着排斥不同者的倾向。故党同与伐异可以说是一件事物的两方面，本来分不开的。不过此外尚别有说。孔子尝论小人患得患失的心理。没有得到，百计以求之，所以要党同，所以要树声援；得到了，又怕不能保守，所以要伐异，以防他人“拆台”。如此解释起来，似乎目下种种党同伐异的社会状态毕竟是一个经济问题，亦是一个人品问题；尚异之论，纵可以挽回局面的一部分，若说解决，我恐无此能力；何况末流之弊，方向虽不同，而程度或与尚同论的相等呢？

尚同的末流是划一主义，统于一尊主义。尚异的末流是争奇炫异主义、无标准主义。都要不得。我们要的是一种容忍的精神；有了这种精神，才可以求同而不党同，求异而不矜异。趋同变异本属社群生活里两种自然的倾向，只要我们无党无偏，一端不加限制，一端亦不加吹嘘，便不复有有余不足之病，可使相反者实相成，而社会秩序与社会进步两端自都不患无保障了。

近人评论到此层意思的很多，然而我总以为他们都被名词误了。他们动辄讲“自由”。其实“自由”这个名词甚不妥当。自由的概念本来很捉摸不住，引用起来，每须注解。例如在法律范围以内的自由呀，以不侵犯别人的自由为自由呀……后面一说更是糊涂。实则“自由”就等于“要别人容忍”。如今只说自由，字面上看去，好像只为了自己着想，没有顾到别人；事实上也确有人如此看法，自由变成自肆，社会因而蒙其大害的。“容忍”不明指人我都适用，而隐含人我都适用，我容忍人，人即自由；人容忍我，我即自由，不比较妥切么？

总之，在今日是非标准混乱与群众心理澎湃的时代里，最好不“非”什么，也不“尚”什么。要知道在“非”与“尚”之间我们的心态未尝无中立的地位。不尚同并不等于反同，不尚异未必就是伐异。这个中立的地位并不是消极的，并不是熟视无睹，并不是袖手旁观，并不是裹足不前；有了这个中立的态度，才能彀客观，才有资格可以批评，可以采众长，可以真正地建议而无顾忌。要养成这种态度，第一步要下容忍功夫。

（选自 1930 年 11 月《读书问题》）

中国今日之社会科学教育

论社会科学教育不外四端：一曰教育之动机，二曰学问之内容，三曰观念之养成，四曰方法之讲求。今就此四端以绳今日中国之社会科学教育。

当先论兹四端者应有之程序。教育之动机，不论其为办教育，抑为受教育，最为先决问题，自不待言。其次应讲求学问或教材之内容。又其次为观念之形成。及学问渐有根柢，观念既经形成，乃进求研究之方法，更事深造。

教材而充实，则观念不蹈空洞之弊；教材而周备，则观念可免偏激之患。然今日中国之社会科学教育鲜足以语此也。姑不言教材之充实与周备，即观念与学问应有之程序且有颠倒之势，在办教育者大率有其确定之哲学观念，在彼虽力持观念不偏蔽而学说宜共通之原则，顾其于学校政策方面已难免不生影响。在学生方面，此种先人之观念，来自二源。迩来国内关于社会问题之刊物，多不胜数；其中材料，属意见与理论者多，属经验与事实者少；且派别分明，标榜各异；青年日濡目染，随其所习见者而自成观念；及其入校则挟与俱来。此一源也。设不然者，入学校之后，如主持之者为有魄力有主见之人物，则鲜有不受主持人物之潜移默化者，其黠者且尽体会与迎合之能事，卒以学校当局之观念为己之观念焉。此二源也。

观念既先入，而再事学问，则敏慧者势必以其观念绳学之所得，其与观念合者则习之，不合者则舍之，于是偏激之大患不可幸免矣。迟钝者一端挟先入之见，一端亦未尝不察其所习者时或与其成见相冲突，必至思考萦回错乱，莫知适从，亦大弊也。

下文分论动机、学问、观念、方法四端。

教育之动机

办社会科学教育，有动机绝对显著，甚或特别标明，例如革命政府在武汉新设之军事政治学校。若是者，其旨本不重养成绝有科学精神之人才，可不具论。我当就宗旨不偏倚而实际行事亦力求纯正之学校与学生，略作求全责备之论。尝默察从事社会科学者之基本心理，以为有亟宜改正之二端焉。

一曰因人成事之心理。我所谓因人成事者非指依赖性；相当之依赖行为实为社会生活所不可无；乃指个人观念之强烈，而组织观念之薄弱，西文所称personal之心理而已。学校为一种组织，而组织之良窳由人，然求学者或不问组织之良否，亦不问主持者何人以断定其良否，第问何人办此学校，甲办则入，乙办则否，于组织之如何不顾也。例如入政治大学者，大都慕张君劢先生之名，然询以政治大学共分几科，尚有入校已久，而瞠目不能对者。此我所亲见者也。

若是之心理我国向无适当名词，今我姑假因人成事之旧说以括之。此种心理之不健全，自无待论。中国官场，一人得势，则其夹袋中人物随之得势；一人下台，则其夹袋中人物与之俱下；是岂忠于领袖之心理为之耶，殆不然，因人成事之心，相沿成习，不得不尔也。何以知之？甲之人物未尝不求蝉联于甲去之后，顾甲去乙至；而乙亦自有其夹袋中人物，甲之人物欲求不去而不可得矣。职是之故，中国政治组织与其他社会组织之生命几完全系于一两个人之身，人在政存、人亡政息之大原则，几若为此种不健全之现象言之，甚可慨矣！

二曰学用劈分之心理。学成致用本为有相当价值之旧说，今亦发生问题矣。其患在学者将学用二字看得太分明，而用字之范围又看得极褊狭。今日习政法经济之学者，犹大多数抱学优则仕之心理者也。诚能学优而后做官，固未可厚非；顾此种褊狭之心理横亘于心，则大率今日之学不能优可必，而他日仕之优否不可必矣。何以言之？学问与职业既视做截然二事，于是学与用之密切关系不可复睹，而学非所用与用非所学之现象触处是矣。中国学生多学不计用，故除书本外几不言学问。中国人事职业，又多用不谋学，故一有职业，便不续求学问，往往并书本生活而无之；甚至以教读为职业者，亦仅知翻熟几本旧教科书，不复他求。凡此现象，无非学用划分之心理为之厉阶也。

欲祛除此种心理，当先明学问为体，职业为用，学问为机栝，职业为效率之道。体用不可须臾离，故做学问时即求相当之效率，使不觉其厌倦；而从事职业时尤不能不竭耳目思考之力以求机栝之日臻美备。唯如是，始可与言生活之日进有功。

学问之动机既确定，则学问之内容，由学问归纳而得之观念，与进而续求深造之方法——种种问题，自不难迎刃而解。不然者，此数者随之而日即于偏激、片段、浮薄、模糊种种弊病。此固推论，然亦可察事实而知之。若今日者，固触处皆此种事实也。

学问之内容

今日之大学生于书本生活讲义生活外无学问，前已言之。而今日之书本又多为英美舶来之品，而讲义亦往往为转辗传抄之结果，与中国社会实况每多凿枘。攻错他山，实逼处此，今姑不论。然即此书本与讲义生活已大有令人不能满意者：一曰不务基本，二曰不求缜密，三曰不识取舍。

孔德论学问之阶梯，以社会科学为最后之一级，良以其内容最复杂，而习之者不能不有深邃之根柢也。此种根柢学问，我辈今日约分为二类，一为自然科学，一为数学，后者可兼逻辑而言之。自然科学中尤以生物学与演化论为重，以其与社群生活关系最切也。习自然科学，所以求事实与原理之正确与精到，习数学，所以求方法之不苟且：数者皆为思想锻炼所必须之条件。今日国内之社会科学教育，殊未足以语此。设备上不无困难，固属事实，然自然科学与数学之授受，每视若一种无可奈何不得不循行之手续，则大非所宜矣。

姑舍基本科学不论。即几本通用之政法经济教科书，学生之能熟读而洞察各种制度各种原则之因果原委者，恐亦不在多数。此则更可怜矣。此非学生智力不逮也，实乃不求甚解之浪漫心理为之。此种心理，半为旧式之记诵教育所养成，半亦由上文所称学用剖分之观念所致。学用既不甚相干，则学之可为他日致用之资者，不外若干事理之原，则与制度之大要而已，其细节目不必问也。殊不知细节目不明，则大要与原则亦无由切实了解，此我与学生接触之实地经验，当可征诸其他做教习生涯者。

学者志在亟于应用，故于学但求粗枝大叶；及其结果，则并此粗枝大叶亦未能应用或应用而无当。其故安在？为学不知分析者，鲜知评估；不知评估者，鲜知取舍；不识取舍，而谬以所学于西方文物者应用之于中国社会实况，宜其格不相入也已。及其格不相入，乃舍所学不用，日久卒受旧方法旧制度之同化；及其同化，乃谬曰：毕竟学问与经验是二事，既以自慰，且以诏后之来者。此种现象实为归国留学生不足以取信于社会之一大原因。今国内之社会科学教育且起而追步之矣。因学用剖分之观念，而得学不能用之结果；因学不能用，而学用剖分之观念益牢不可破；此种兜不出之恶圈子一日不打破，即中国社会科学一日不发达，而社会问题一日无清明之望；欲打破之，当自求学问之缜密与养成学说之判断取舍力着手。

观念之养成

专攻自然科学者，日所事事者为客观之事实与经验，故观念为其余事。专攻社会科学者，在与社会利害发生关系，即不能不力求观念之正确，以为判断事物之根据。近二百年来西方社会问题之复杂与亟切难理，局部由于社会哲学思想之不健全，近已颇有人公认之。观念之正确与否，与学问之内容有直接因果关系，前已及之。学问内容既有问题，则观念自难幸免。此可分二端言之。

一曰观念之混乱与迷离惝恍。此与观念之多且复杂不同，观念之多且复杂，未始非文化进阶之一种表示，例如古希腊与我国春秋战国之世。今则不然，目下流行之各种社会哲学观念十九自西方移植而来；姑舍橘逾淮为枳之理不论，即其持之者之囫囵吞枣，其党同伐异之精神，其刊物之充塞，其宣传声浪之喧哗，已足使人目眩神迷，而使社会呈鼎沸之象矣。此其病根，当然不得不求之社会科学教育之不足与失当，无可讳言。

二曰观念之情感色彩太浓。正确之观念，为思考之结晶，应为一种冷静镇定之物。顾今日流行之观念且与冲动无殊。一知半解者即思做社会运动，某也持某主义，某也属某派，某主义与某主义发生冲突，某派与某派积不相能；果何种主义与何派最有学理之根据，则鲜有人能言之，亦鲜有人求能言之也。是今日号称青年教育阶级之绝大怪现象也。某大学学生将出一种社会科学之刊物，其发刊词中有曰“本刊拥护社会科学”，社会科学而亦须拥护，可见今日中国青年之用情，诚无微不至矣！虽然，观上文种种，可知社会科学行且为种种社会臆说所攘夺，科学精神将扫地无余，则事实上又似不无拥护之必要矣。噫！

所谓社会科学之失当、不足，与须“拥护”者，上文固已历数之。其所以然者，则基本学科之不讲求一端已足以尽其说。今日流行之种种社会哲学观念，十之七八不足经生物学与人类学之事实与原理之盘驳者也。不识此种事实与原理，则观念当前，便不知静观默察，不知分析，不知比较，一言以蔽之，无以准绳而定褒贬取舍之方。一端观念如猬集，而一端所集中者又为血气方刚，理想方盛，而识量则未定之青年，宜学说之日乱，而社会问题之日亟也已。

方法之讲求

此端就学问已具相当根柢观念已略臻固定之从事于社会科学者而言。中国学者向不甚讲方法，人人知之，然至今日而犹沿旧习，行见学问之日不如人，而将永作西方文化之寄生虫矣。社会科学不若自然科学，不能求诸实验，但能求之详赡之观察；欲求详赡，不能不先求观察之数量化，是统计学之所以重要也。顾统计学之不讲求在今日之中国犹属一普遍之现象。即就政治大学一隅而论，统计为必修科目，然学生方面尝一再请求改为选科；其原因至显著，一则学生之数学程度太浅，再则以持筹握算为微业之心理至今未破，三则大率以为做实际政治者无须乎此种细节目。是又学用两歧而为学无须致密之心理之又一证也。统计学，西文名曰statistics，与国家state之一字同源，从事实际政治者因曰statist，实际政治家既曰statist，则实际政治家之所务斯为statistics矣。尝以此语政大同学，不禁为之莞尔也。

（选自1930年11月《读书问题》）

释“读书不忘政治”

在今日的中国，学生与政治的关系应该如何，确是一个大问题。十余年来，几经讨论，还没有解决。似乎蔡孑民先生说过：读书不忘革命，革命不忘读书。这种兼容并纳的意思是很好的；但“不忘”二字，究竟不忘到何种程度，蔡先生并没有告诉我们。从实地加入革命工作起，到每天涉猎重要的政治消息止，这其间种种程度，有哪一种可以算作“忘”了政治的？所以仔细看去，这一种的话听上去虽觉顺耳，但于实际问题的解决，似乎并没有帮助。

这“不忘”二字，也许早就有了公认的注解的。自从“五四”运动以来，许多人的意见虽未必以为个个学生应当加入实际的政治活动，才算得“不忘”政治；但若是在求学时代，大家只做到看报或关心政治消息的程度，他们又觉得不够了。

向来讲政治改革的人，总以为加入的人越多，改革事业的成就便越有希望；甚至拾了亚里士多德的牙慧，制为“人人是政治动物”的标语来劝勉人加入改革事业。但如今看来，这种观念似乎是错的。我们不妨提出一个不寻常的问案来：安知近来中国政治的紊乱，不因为作实际政治活动的人太多了也太杂了呢？

这个问案，不特不寻常，并且有人要当他是胡言乱语。不过我们提出他来，也不无些许理由。十多年来，加入政治活动人虽一天比一天多，但改革事业并不一天比一天良好；这是有目共睹，无待讳言的。有人说，这因为加入的人还嫌不多，所谓全民政治或全民革命本来是指望着人人参与的。这话也许很对。不过我们接着不能不怀疑的是：若是每个农民、工人、商贾及其他本在谋生而有职业的人，都抛弃了职业来营所谓政治工作，姑不问政治工作的成功如何，社会上固有的安全和秩序，怕就先要受重大的打击了。要知政治外的业务大都和生计问题有密切关系，政治工作也是一种业务，但在理论上，他和人民生计的关系，是很间接的；政治可以调节种种生利的业务，但本身不是直接生利的。（中国政治工作的职业化和生计化，本是一件很不幸的事）如今有许多人脱离了职业，不再直接为社会生利，却悉数的往不生利的一条途径去活动，社会治安又安能不发生问题呢？

有人说，这种社会生活上的纷扰是暂时的，过渡的；有一天，因为这许多人的出力，政治可以清明了，政治的力量就可以把种种职业的身份重新奠定起来。但有了这许多人出力之后，政治究竟能否清明，我们还不能没有怀疑。从别种业务转到政治工作的人，也许根本不宜于政治工作。对于政治改革事业，他可以有十分热诚，十分趣味，但未必有一百分真实的能力。这种能力，我们即自因推果言之，也不能决定人人都有，何况二十年来个别心理学的成绩早就证明给我们看：不论何种能力，在人群中的支配是作有规则的等差的呢？如今不论一人政治工作能力的有无多寡，却勉强他，或容任他做政治工作，而所勉强或容任的又何止一二人，结果的不能良好，便可想而知了。有句俗话说：老大多了要翻海船。大家都是老大，海船还不免于倾覆，何况不都是老大呢？

总之，政治工作在乎得人，而不在乎人多，并且似乎根本不宜乎人多，因为有政治才能的决不会很多。孙中山先生讲民权主义，而竭力主张专家政治，也许便是此意。实际的政治工作应该托付给这种专家去做，一般人只居督察和进退他们的地位。

上文种种是为一般有生计业务的人说的，为学生呢？我觉得这一番话也未尝不适用，并且似乎适用得还要密切些。已有职业的人，在生活上多少已有些预备，观感上，多少已有几分成熟；所以他们对于政治事业，不妨有些表见。但是对于尚在预备时期和培植时期的学生，社会不宜责成他们太深，只须指望他们对于当代的政治状况，能加以比较精密的观察；学生们自己，也人人应当以精密的观察者自期，因为我们虽不都是“政治动物”，我们却都是政治社会的一分子，多少是忧戚相关的。读书不忘政治，“不忘”二字，应作如是解释。

作实际政治活动的人减少起来，作细密观察的人加多起来，同时安于其业务——学业也是一种——的人也加多起来，我们的政治问题也许可以略见松动。十年来闹得很热烈的，其实不全是政治问题，一半是政治上“人才”挤挤，透不过气来的问题；位置的不够支配，也是一个问题，但还算是次要的。

（选自 1930 年 11 月《读书问题》）

“何必读书，然后为学？”

我记得《论语》上记着下列的一段话：

“子路使子羔为费宰。子曰，贼夫人之子，子路曰，有民人焉，有社稷焉，何必读书，然后为学？”(《论语·先进》)

子路以为为了民人为了社稷服务，服务期内所得到的经验，便是学问；不必一定要在学问上先有了预备，就是先读了书，才可以服务。孔子却以为预备功夫是必不可少的，所以认为子路的举动不免贻误人家。

我又记得美国有位前辈动物学家叫做亚格西慈（Louis Agassiz，1807-1873）的说过一句话：

“要研究自然，不要研究书本。”（Study nature，not books.）

孔子要人读书，这位动物学家不要人读书，到底谁是谁非呢？我看都是。我们不妨推敲一下。

动物学和其他自然历史研究的对象便是自然或自然的某一部分。自然的现象或事实是比较确定的，比较易于捉摸的，所以宜于直接的观察，不必借重前人的成绩；在初学的人，尤其是应当养成独立观察的习惯，不依赖成说，不人云亦云；否则名为研究自然现象，实际上不过记诵别人观察自然现象后在白纸上的一些影射罢了。这是一层。自然界的事物，大部分是无生命的，小部分是有生命而无意识的，还有更小的一部分是略有意识而没有价值观念的。所以，他们不但可供直观观察，并且宜于反复试验，而不至于发生是非的道德问题，利害的法律问题，即不至于发生责任问题。质言之，自然现象的研究，不妨常用“尝试和正误”的方法。这又是一层。

但是社会的现象不然。它们是比较不确定的，比较不易于捉摸的，所以大部分不便于直接观察。研究社会科学的人，除了当时当地的社会状况可以用实地调查的方法而外，大部分的工作不能不引用所谓人类学的方法和历史的方法，换言之，即不能不取材于种种人类学和历史的纪载；材料的正确不正确就全凭取用者眼光的精到不精到了。这是一层。这会的现象便是许多人综合行为的表现，他不但有生命，有意识，并且到处受严格的价值观念所支配，所以不恃不便于直接观察，更不便于反复试验。若有人轻于尝试，便立刻可以闹出乱子来。这又是一层。

要了解社会现象，尚且不能轻易尝试，何况要指挥驾驭社会现象呢？所谓政治者无他，便是这种指挥驾驭工作中最重要的一部分，更不是率尔操觚者所能应付的了。子路在孔门列入政事科，时常听见同学们所发“某可是从政也欤？”一类的问题，但是他始终没有了解政治事业关乎人群的安危利害，万不能让人用尝试和正误的方法来开玩笑，即不能不利用前人的经验成绩，即不能不先有理论上的训练和修养，一言以蔽之，亦即不能不先读书。子路既不了解，又从而为之辞，无怪孔子要骂他“贼夫人之子！”和

“恶夫佞者！”了。

我提出子路这几句话来讨论，是有原因的。我觉得近来谈政治和劝人加入政治事业的人大都犯这个通病，当初子路的用意，要是用现代的名词传达出来，不就是“有民众焉，有国家焉，何必读书，然后为学”么？说得再亲切些，不就是“有政治工作焉，有党务工作焉，何必读书，然后为学”么？迩来高等教育毫无生气，而政治工作未见得有多大起色，我以为这种子路派的谬误观念着实要负几分责任。

（选自 1930 年 11 月《读书问题》）

“著作狂”及“发表欲”

我听说海上某大学的学生对于出版事业异常踊跃。普通的大学只有得三四种刊物，年报月报周刊之类似乎是都与体面攸关，不可或阙的。但是这个大学里，月刊周报，分门别类，竟不下一二十种。内中有用铅字排印的，也有用誊写纸油印的，甚至有由编辑先生或撰述先生们亲手抄录的。人工用得最多的，似乎最是洛阳纸贵，所以每期的出品大率贴在学校园内一方大草地中间四五条岔路口的一块条告板上，好教同学们人人得先睹之快。

我朋友的朋友某君年前出版了一种文艺的刊物，一人独自著述，独自编辑，独自校对，独自出资印刷，独自发行；到现在已经出了一期还不知两期，但据说还要继续出下去。

体面一些的大学都有所谓年报或年刊的发行，他的内容，除了编辑先生们的玉照而外，还有许多——也无非是玉照，有个人的，也有团体的；在个人的玉照下面，往往加上一些此人在功课外作的业，个人抱的宏愿大欲；编辑先生对于他的月旦评语，有时也附带地写着。这种一年不过一度的刊物大都印刷装订得异常讲究，因为，据他们讲，他是有永久的历史价值的。

这种种现象，有人总称之曰“著作狂”，又曰“发表欲”。狂字当然不妥，至于欲字，在科学的心理学里，究竟指什么东西，我们也不清楚，但觉得近年的知识界里确有“按捺不住”的一种倾向，一种力量。有编辑和集稿经验的人都是这样说。

这种欲望，大家知道是很新的，和以前著述界“藏诸名山，传诸其人”的欲望似乎是很相反的。以前著述的人为数甚少，著作之后，有力量付诸剞劂的人为数更少；能够在生前见到自己的作品流传的人更是寥寥无几。现在呢，例如我昨晚上写着这一段“发表欲”的文字，我今天早上就可以看见排印出来。不过我们要了解，古今著作界的心理终究是一样的，一样希望把作品流传出来；不过以前因为种种物质上的设备太缺乏，这种希望不能立刻实现，只好藏诸名山传之身后了；甚或以退为进的说他的作品根本便不希望流传。到了现在，因为物质的设备很便利，所以著述少的便著述多了，不著述的也著述起来了，甚至完全不宜于著述的人，也起了幸进之心。同样的一种欲望，但是今人要比古人发展得厉害，几乎到了畸形的地步，这种分别是的确有的。

不过发表欲的畸形发展决不止因为物资设备太便利的缘故。还有很重要的一个原因，便是著作界没有公认的标准。一篇文章，一首诗，究竟写得怎样才算好文章好诗；一个做文章或做诗的人究竟做了怎样好的文章或诗，才可以称做一个作家或诗人，可以说是完全没有标准。即就《学灯》半年以来编辑《书报春秋》的经验而论，读者对于一种作品的毁誉，往往绝不一致，尤其是文艺的作品，尤其是创作的文艺。著作界既没有相当的刀尺随时加以剪裁量断，各种长长短短不长不短的出品自然是纷至沓来了；轻于尝试的作家自然要多于过江之鲫了；换言之，所谓“发表欲”的一种心理倾向，自然不免漫无限制地发展了。

（选自 1930 年 11 月《读书问题》）

读书的自由

半年多以前我写过一篇《救救图书》的短稿，为坊间行将“还魂”的大批书籍呼吁。呼吁的效果如何，我不得而知。但转眼一想，即使有些效果又怎么样？当代的人根本没有读书的自由，留下书来，也无非束诸高阁，最好也不过为典藏而典藏而已。有人说过，天下的图书馆，十之八九是“藏书楼”，十之一二是“尊经阁”。这话很对，因为在读书不自由的情况之下，少数人尽管藏，少数人尽管尊，绝大多数的人，包括藏的与尊的人在内，也包括以读书为业务的青年在内，不感兴趣，不来问津。

不过我们先得把题目的意思弄弄清楚。一两天以前，和一位朋友闲话。朋友说起，某一个都市经某方攻占以后，某国的外侨向本国政府报告，说是情形还不错，不错就是“对”，那外侨确乎用了一个“对”字，意思是说——这是朋友自己的注脚了——外侨们还可以“自由行动”。我赶快插嘴说，该是行动自由，不是自由行动吧。这位朋友和其他一二参加闲话的人都首肯地笑了。行动自由与自由行动很有几分不同，我想谁都了解，用不着解释。好比恋爱自由与自由恋爱也有很大的分别而不烦解释一样。如今阅读自由与自由阅读之间也有类似的情形。其实所谓自由这个、自由那个的“自由”并不是我们所了解而能接受的“自由”：自由行动可以包括杀人放火,“自由恋爱”意在废止婚姻制度,“自由思想”志在排斥所有的宗教信仰，至少一部分自由思想者是如此。自由阅读或自由读书，准此，可能引起抢书、偷书，以至把公家书籍割裂涂毁等的行为；那就成为自放、自肆了；自放自肆的人与完全不放不肆的人是同样的不自由的。

自由是禁忌的反面。争取自由等于排除禁忌。对于生活的其他方面的禁忌，我们是知道得比较清楚的；对于读书的禁忌，一则大概因为爱好而能够读书的人究属少数，再则即在能够读书的人也未必真有多读的毅力与机会，我们却不甚理会；在大家忙于衣食奔走的今日，自更无暇理会了。一切禁忌，包括读书的禁忌在内，又有外铄与内发的两个来源，大抵对于外铄的来源，我们在这叫喊民主的时代，是理会得比较清楚的，至于内发的来源，我们却又不大理会，以至于全不理会，即使被指点出来，怕也还有人否认。其实这内外两路的禁忌，我们从“禁忌”一名词里就可以辨别出来。

“姜太公在此，百无禁忌。”禁忌原是一个笼统的名词，指着行动思维的一切限制，初不问这限制的由来。但若我们稍加分析，可知禁是外铄的，而忌是内发的。禁的所以为外铄也是比较容易了解的。“入国问禁”“悬为厉禁”，禁止吸烟、吐痰、闲人出入之类的禁，很清楚地是由外而来的。“禁”字的下半字是“示”字，无论是上帝的启示还是官厅的告示，总是外来的。“忌”字却不然，它的下半截是“心”字，上半截是“己”字，己字可能只供给了忌字的读音，也可能是台字的假借，而又供给了忌字的意义，那就等于说，忌者，我心之所忌耳。其实要坐实内发的一层意思，下半截的心字已经是足够了，初不必问上半截“己”字的源流。从社会与文化的立场看，一切忌讳也未尝不可以说是外铄的，一切行为上的限制，最初可能都是“禁”，日久才习惯成自然地变而为“忌”；换言之，起初是人家不容许你做，后来你也就自然而然地不做，以至于觉得不应当做了。但从生理与心理的立场看，至少有一部分的限制，原先可能是一些“忌”；有一类行为，你做了之后，或做过火之后，也许妨碍了你自己的健康，或至少会教你感觉到不舒服，不自在，而别人既同是人也，也往往有同似的感觉，日久经过一番社会化与形式化之后，就成为“禁”了。两方面大概都有话可说。但无论如何，一种行为的限制，要成为“忌”，总得先经过你内心的接受，方才有效，才有限制的力量，而这种效力才能维持得比较长久，初不论这接受是自觉的，或不自觉的。

读书的不自由，一部分是由于外来的禁止，另一部分却是由于内发的忌讳。外来的限制或禁止是最明显的，可以毋庸多说。图书的缺乏，藏书的过分的限于某一专行、某一方面，书报的写作、印刷与流通受到阻碍等，不论是由于不可避免的情势，或由于人为的因素，有如社会的风尚或政府的功令，都是外来的。书报邮电的检查当然是属于这一类，在读者是被剥夺了“阅读自由”，在检查者却取得了“自由阅读”的机会，可以作些威福。上文说到阅读自由与自由阅读的为截然两事，这便是很好的一个例子了。有少数人可以自由阅读，便有多数人不能阅读自由。

不过更严重的问题是内发的限制或忌讳。唯其是内发，所以表面看来不像限制，不成其为限制；唯其不像，所以不受人理会；唯其不受人理会，问题就更见得严重了。我近年来因为职务上的关系，与图书出纳的接触较多，对于青年人读书的习惯，也就多得了几分了解。我发见他们的忌讳是不一而足的。归纳起来，这忌讳大都跳不出三个范畴：一是新旧之间，二是中西之间，三是左右之间。

青年人爱读新书，不爱读旧书；爱读洋装白话文之书，而不爱读线装文言文之书，爱好讨论现实问题与宣传当代思想的书，而不爱读关于人格修养、文化演变、比较通盘而基本的书——是谁都知道的。但为什么有些爱与不爱，有此爱憎，说法就不同了。普通的说法总是从兴趣出发，说青年对前者有兴趣，而对后者没有兴趣，青年自己的答复也复如此。其实这只是一种冠冕的说法。试究其实，则所谓兴趣的后面，必有一番成见；而成见一深，对所爱悦的便成迷信，对所憎恶的便成忌讳；所迷信的趋之唯恐不速，所忌讳的避之若将浼焉。从社会的立场说，这种爱憎当然也有其来历，就是“现代化”或“进步”的要求；但青年既接受了这种要求，并且拳拳服膺于此种要求，此种要求的见诸意向行事，便成为内发的，成为成见的一种表示；而其对于“不现代化”“不进步”的一路事物的不表示，以至于反表示，也未尝不是一种表示，那就是有所忌讳的表示了。

中西之间我们所看到的成见大致与此相同，但比较的复杂。大体上是对“西”是积极的信赖，对“中”是消极的忌讳。读书人一般的态度如此，读书时的态度尤其如此。不过有两点是值得注意的，这便是中西之间比新旧之间更为复杂之所在了。一是读书人对于所谓“西”的对象的接受是不一致的。甲有甲的西，乙有乙的西。所谓西，本身原不是一件单纯的东西，英美是西，苏俄也是西。一个人究竟接受哪一个西，就要看他过去的训练与平时的接触了。不过训练与接触，如果太片面，或太不经心，太无抉择，结果也就成成见，而对未经训练未经接触的事物的态度便成忌讳。二是精通西文的人毕竟不多。读书的人虽爱读舶来之书，却大都不能读原本，只好读译本，原本与译本，可能一个图书馆都具备，但译本往往摺皱烂熟，而原本可以几年无人过问。这不用说，读者表面上阅读的是“中”，实际上欣赏与向往的还是“西”。

左右之间所表现的爱憎也是一样的，不过因为目前国际与国内的冷战热战特别剧烈，此种爱憎，或信赖与忌讳，而表现的范围与程度似乎是远在新旧之间与中西之间之上。近年来此种范围之广，程度之深，更若变本加厉，至于有把新旧与中西吞并进去的趋势，成为左的就是新的、西的，右的就是旧的、中的。青年人一般的态度之中，大体说来，对于左的、新的、西的的信赖和对于右的、旧的、中的的忌讳要大于它们的反面。一般的态度如此，读书时的不免分些畛域，也就如此了。

有人替青年读书人辩护说，这一类对于读物的取舍并不由于成见与忌讳，而是由于能力与训练的多寡。许多青年对于文言文了解得不够，读去不通畅，因而就不感兴趣；对于西文也是如此；至于左右之间，因为名词、习语、命意、遣词的不同，彼此也就发生了扞格，起初的“看不惯”终于成为后来的“惯不看”，倒不是故意拒绝不读。这是对的，我不否认这其间有一个能力与训练的问题存在。不过我们如果作进一步的推敲，便可以发见此种能力之所以差，训练之所以少，还是由于成见与忌讳的心理在后面作祟。青年自己有此种心理，而“五四”以来做教师出身的人也未尝无此心理。一个人存心厌恶一种事物，第一自然不趋向于此种事物的学习，第二学习了也决不会有长足的进步，原是我们的常识，初不待精神分析派的上场。

总之，由于上文所论对于“三间”的成见与忌讳，我们的读书是不自由的。此种内发的不自由，其范围之广，影响之深，与解脱之不易，要远在政令法律所能给我们的不自由之上。一样争取阅读的自由，向环境争取总还容易，而向自我争取则大难。因为，上文已经一度说过，这在阅读的人自己大都并不觉察，而并不感觉到有什么取舍的必要。这种不自由的局面，觉察得比较清楚的怕还是一部分负图书守藏之责的人。国内公私图书馆也还不少，多则百余万册，少亦数万册，但除了十分之一，以至于百分之一千分之一的洋装、白话、译文与白报纸的书籍借阅得烂熟而外，看来其余只好供太平时的点缀装潢，离乱时的咸阳一炬而已。我们看果子可以知道树，看书库的冷落便可以知道读书的不自由了。

（选自《观察》1948 年 12 月 11 日第 5 卷第 16 期）

二

让灵魂跟上人生的脚步

说有为有守

这一篇文字里的话是专为近年大学毕业生说的。

有为有守是一个做人做事的大原则。谁都应当认识清楚的，特别是行将参加实际的社会生活的大学毕业生；也是任何时地的人应当认识清楚的，特别是在目前时代与环境里的大学毕业生。

有为有守是建筑在物理上的一个颠扑不破的原则。物理有动静，有张弛，有翕辟，有力的蓄积与力的发挥。人理也就是如此。人生不能不讲求进止、去处、语默、动定、操守的道理，不能没有情志的涵养与行为的表现。到了有价值观念的文明人，又很自然地在这一层道理之上添上一重道德的绚染，一重标准的责成，说如何才应当动，如何才应当静，如何才要有为，如何才要有守。我国的民族文化，对于这原则与讲求这原则的必要，似乎认识得比任何民族文化为清切。“尺蠖之屈，以求伸也”，寥寥两句，是全部《易经》与其所倡导的文化的基本精神。

近代的西洋文化对于一切物理有博大精深的发明，而于物理如何适用于人理，则反较前人为粗疏怠忽。所以人人讲动，讲作为，讲速度与效率；人人像热灶上的蚂蚁，像截去了头的青蝇；人人认为只有动作是积极的，静止是消极的，进取是功德，保守是罪过，全不思动作进取可能是乱动躁进，漫无目的，静止保守为的是潜心涵养，容有理由；更不思，不有静止，何来动作？不有蕴蓄在先，何来抒放于后？譬诸射击，不先张弦，何由放矢？张弓是力的累积，弛弓是力的消耗，一个过程，两个段落，究属何者为积极，何者为消极，正复无从断定。至于做人做事，有讲求操守的必要，使人人深知操就是有为，而守就是有所不为；这进一步的道德的责成，自更在不论不议之列了。近顷有人以笃行的学说劝导青年，认为只要有作为，一切人生问题自迎刃而解。其实一味作为的结果，不过对事业的认识与事业的成就可以多添数分而已，揆诸“人生大于事业，做人重于做事”的原则，这种一味作为的学说依然不免偏枯的弊病，是很显然的。

不过有为有守的原则也正复不易讲求。被动的有为有守易，自动的有为有守难；个人的有为有守易，集体的有为有守难。大学生在学校里，一方面因为一般的经济条件的限制，不能不安于淡泊，我说“不能不”，因为此种清苦的生活，可以说是完全出乎环境的不得已，一方面既没有多少自动克制的功夫，一方面如果经济的来源比较宽裕，生活上便不免趋于流放。无论淡泊与流放，都是被动的结果，而不是中心自有主宰的表示。颜子以箪食瓢饮居陋巷为可乐，乃是因为中心自有主宰，能固穷而不滥，处贫贱而不移。颜子的守是自动的，而我们的守是被动的。二三年来，大学生有休学而经商的，昆明一带的大学生，走仰光，跑腊戍，一时几乎成为一种风气。当时虽大为社会诟病，但也有加以称赞的，认为是自想办法，自谋出路，认为这种青年前途一定比较的有作为。但走仰光，跑腊戍，又何尝不是当时一般的风气，此辈青年的加入，也不过是风行草偃的一部分的表示而已。他们除了解决个人生计以至于累积一些财富而外，别无远大的目的，别无比较超脱的理想；在动机上与一般的商人无殊，在能力上十九必须因人成事，还赶不上这班商人。这样的有为，表面上是自动的，实际上是被动的，是中心没有主宰的。经济一方面的操守如此，其他方面操守又何尝不如此。有思想，无思想，发议论，不发议论，思想与议论的性质趋向，又何往而不受环境的支配，潮流的鼓荡，以至于一部分外界威力的挟持操纵？开口闭口的赞美“大时代”，歌颂“现阶段”，千方百计地想迎合“潮流”，无非是大学生人格破产的一些朕兆。在这种形势之下而言自主自动的有为有守，我们也诚知其不易，离开了大学的环境，而言此种有为有守，我们也诚知其更难，但也正唯其不易言，就更有不得不言的隐痛。

操守的不能自主而易趋于被动，大部分是基于个人志力的薄弱与教育效能的低微；至于个人单独的操守易致，而集体综合的操守难成，则为之厉阶的，更有民族的因缘在。民族的大病曰私。私的病深入腠理，诚中形外，所以凡百措置，无往而不见私的迹象。有人很沉痛地说过，以前的人，生前无补于大局，临了一死报国家，都是私的，因为不死不足以保全他一人一家的名节，名节是他身家的一部分。所以以前虽多有守之士，甚至于以牺牲生命来表示所守的坚贞，曾无补于团体生活的分崩，民族命运的沦替，其他规行矩步、硁硁自守的分子，目的端在小我的苟安免祸，可以不必说了。所谓“有守”者如此，“有为”的不容易集体化与组织化，更可想而知。“众擎易举，独力难成”的理论，我们何尝不知？但一到行事，我们十九会得到一个“独力易举，众擎难成”的结果，而独力的成功难期久大，也是一个必然的终局。和尚吃水的比喻最足为此种局面的写照，是谁都知道的。在南洋，在东北，移民中每多匹马单枪、肇开草昧的志士，所以当外人组织势力没有到达之前，我们可以大有作为，而此种势力一旦侵入之后，我们的成就便无法维持，南洋与东北之兴起以此，其终于沦亡也未尝不由于此；实际上敌人的南进北进，便是我们这种弱点所招致的，说见敌人南进策的灵魂堤林数卫的言论。由此也可见，在闭关自守、交通阻滞而文化系统比较完整的前代，个人的操守不能说完全没有用处，甚至于还有过“言足以兴，默足以容”的积极的贡献；但一到环海棣通、文化交流的今日，个人的作为进取既难望有成，个人的保守缄默更势所未许了。

大学生毕业后加入社会，目前最亟需深知力行的，殆无过于自主与集体的有为有守的一点。集体的有为，在目前已无须申说，但集体而能不依傍门户，利用势位，凭借余荫，一以集体自身所培养的理想为指归，所产生的力量为挹注，则知者盖寡，行者更鲜。至于守，即就不贪污一层而言，在目前的形势之下，更有自主与集体化的必要，则识者更有如凤毛麟角，不可多得。畏法律，畏人言，而不贪污的，终必不免于贪污而后已，以一人之力加入贪污的群体，也终难免于同流合污而江河日下。为今之计，无论做好也罢，不做坏也罢，大学毕业的青年应当自动的团结起来，来群策群力地做些好事，来砥砺廉隅相互规勉地不做一些坏事。唯有能这样的青年才能改革，才能创造，也唯有维护这种青年的国家才足以语于自力更生。

（选自《自由之路》，商务印书馆 1946 年出版）

说“文以载道”

（一）文与道的广狭义

“文”字的涵义有三个广狭不同的程度。

最广义的文就是近代人类所称的文化，是对待自然而言的。前人所称文野之文，文质彬彬之文，孟子所辨别的性养之养，荀子所对举的性与伪之伪，以至于一般理学家与医学家所划分的先后天的后天，指的都是这最广义的文。《左传》昭公二十八年引《谥法》说“经纬天地曰文”，人用他的自然的才力，把天地间所自然具备的种种事物，有的当做横线，有的当做直线，织成的东西，总名为文，这“文”字显然也足无所不包的了。

最广义的文又可以分为若干方面，每方面也同样的叫做文，那涵义就比较狭一些了，例如文字之文，最早的一本叙述文字源流的书，许氏的《说文解字》，即以文与字两字互用；就（说文）的序文言之，文是文字的一种，字是文字的又一种，但习用上文就是字，孟子说“不以文害辞”，就是不以一字害一句之义的意思。又如一切遗文载记也叫做文，《论语》上所说“行有余力，则以学文”之文，“文献不足故也”之文，都是例子。又如一切文采，一切装饰点缀，一切足以悦目的艺术行为与作品，也叫做文，所以

《礼记·乐记》说，“五色成文而不乱”。古称越人被发文身，《论语》上说，“文之以礼乐”，用的都是这样一个文字。宋金两代，宫中设文思院，专制御用工巧之物，表面上好像教人联想到“钦明文思安安”一类帝典皇谟的大气象，实际上还是文采之文，这其间不无几分取巧，是显然的。不仅悦目的文采叫做文，悦耳的音乐，也未尝不可以叫做文，所以《乐记》上又说，“文采节奏，声之饰也”。

文字艺术而外，其他文化的方面也都可用“文”字来称呼或形容。例如一般的礼法，《乐记》说“礼自外作，故文”。《礼记·大传》说“考文章”，注说文章就是礼法。更有趣的是比较狭义的法律，也可以叫做文，所以汉代以来就有“文罔”或“文网”之说。《史记·游侠传》称侠客“虽时扞当世之文罔，然其私义、廉洁、退让，有足称者”。道德与知识也可以总称为文，所以古代谥法关于“文”字的另一界说是“道德博闻曰文”。关于宗教，以前也有过“文”的说法。《荀子·天论篇》说道雩祭卜筮一类的行为时，说“君子以为文，百姓以为神，以为文则吉，以为神则凶”。王充在《论衡》的《明雩篇》里，所发挥的也是这层意思。儒家看宗教，始终认为是生活工具的一种，是生活的一种点缀品，既然是点缀品之一，所以也不妨叫做文了。总合上文各方面而言，一切礼乐、法度、教化之迹，也都可以并称为文，所以孔子在《论语》上说：“文王既没，文不在兹乎？”而后世因而就有“斯文在兹”之说，俨然有以文王、孔子一类圣哲作为文化的总代表的意思。这样一个文字的涵义，便和最广义的文没有多大分别了。

至于狭义的文，指的是文辞，特别是艺术化的文辞，以前所称狭义的文章，今人所称的文学都是，那就无须多加解释了。

本文所说的文，对于三种广狭的程度，都有关涉，涵义的广狭虽有不同，适用的程度并无二致。

文以载道之道也可以有广义狭义之分。最广义之道可能超越人生以外，也许有少数人可以心领神会，而没有人能够言传。神秘主义者的道属于此类。《道德经》开头两句“道可道，非常道”之道也应当属于此类。我说这种道不能超越人生以外，因为在事实上它也未始不是人生的一部分。神秘的感觉，或所谓妙的境界，虽未必人人能领会，古往今来，确似乎有不少人领会到过。只要有人领会到过，他就成为人生的一个片段。较广义之道应当是“人生之路”。孟子说，“夫道若大路然”。推广言之，道也就是人生所遭遇的一切境界，例如时空两间的境界、情理事物的境界、精神与物质的境界、个人与社会的境界、经验与理性的境界、浪漫与古典的境界、结构与功能或所谓体用的境界等等——人生是建筑在一切这些境界之上的；也可以说，这些境界之总和造成了人生。道就是这个总和。至于狭义之道则所指便是这总和的一部分，这总和的一偏，例如说时空两间中的一间，或时间中的未来的一个段落，又如情理的境界中的情，或只是情的某一个方面等。文可以载道之总和，也可以载道之片段；如果过于片段，一味片段，甚至于在从事于为文的人认为片段就等于总和，成为中国人所称的由偏而蔽，或西方的逻辑所称的pars pro toto，那就不免和人生逐渐离开，甚至于可以到一个南辕北辙彼此乖违的程度，那就不成其为道了。所以《中庸》说:“道不远人，人之为道而远人，不可以为道。”但如果在为文之人能客观地承认他所载之道只是一个片段，而他所见到的片段，前途可以和别人所见到的凑和起来，可以一步一步地和道的总和逐渐接近，那就不成问题，也就合着《中庸》上另外一句话，就是“道并行而不悖”了。这道字是小大由之的，广狭兼赅的，说“并行”，指道可以有不止一种，是狭义的；说“不悖”，指道虽不一而可以相通，虽万殊而可以同归，虽不同而无害于和，这就无异说到广义以至于最广义的道了。

文有广狭之分，道也有大小之别，有如上述。不过文无是非，而道有是非，或似是而实非，有不容不辩者在。这一层留待下文第三节里详细讨论。

（二）文以载道说的由来

“文以载道”的说法，就字面讲，来历并不太远，不过这说法所代表的看法是很古老的。春秋以前，我们不其论，大凡把中、正、时、礼一类的字眼用作形容词的许多说法里多少包含一个文以载道的看法，是很容易推想得到的。孔子自己就是如此。《论语》上说:“诗三百,一言以蔽之，曰，思无邪。”无邪就是正。后来汉人毛苌的《诗序》多少是根据这无邪的原则写的。《论语》又说:“恶紫之夺朱也，恶郑声之乱雅乐也，恶利口之覆邦家者。”雅乐就是正乐，朱也是正色，利口者就是佞人，不是信人，不是正人。这两段话的文以载道的意味是很浓重的。一部《春秋》，无论究竟是不是孔子作的（近人有怀疑及此者），据传他的人看来，是完完全全的一部载道之文。

到了孟、荀，看法大体上和孔子相同，说话中所含的感情成分却要浓厚得多了。孔子的感情成分只限于厌恶，一到孟、荀，就不得不辩，不得不辟，而且不厌大费唇舌。这和时代的不同、学派的纷起，当然大有关系，但圣贤气度的大小，器识的广狭，我们于此可以窥见一斑。孟子对杨、墨之徒，对为神农之言的一班人，对其论人性的本质的人，不肯稍留余地，是谁都熟悉的。孟子对他自己这种态度有过一个总的结论说："我亦欲正人心，息邪说，距诐行，放淫辞。"又自称知言，说，"诐辞知其所蔽，淫辞知其所陷，邪辞知其所离，遁辞知其所穷。"荀子在《非相》与《非十二子》两篇里抱的也是这种态度，不过措辞比较心平气和一些；原因所在，似乎是荀子对于实际社会改革的情趣没有孟子那般热烈。荀子说："君子辩言，仁也；言而非仁之中也，则其言不若其默也，其辩不若其呐也。"他又分辩有三类，小人的辩，君子的辩，与圣人的辩。对于士君子的辩，于"仁之中"的一般标准而外，又提出两个标准，"文而致实，博而党正"。又说，"少言而法，君子也，多言无法而流湎然，虽辩，小人也。"对于小人之辩，荀子又有单独的几句话："辩说譬喻，齐给便利，而不顺礼义，谓之奸说。"这些话都是从《非相》与《非十二子》两篇里出来的。孟、荀而外，先秦诸子中这一类的看法当然还有，例如《吕氏春秋》上说："至治之世，其民不好空言虚辞，不好淫学流说。"其他不具引了。

在汉人中间，我们举一个人的议论做例，就是王充的议论。

《论衡·书解篇》里说到文儒与世儒的分别。“著作者为文儒，说经者为世儒……或曰，文儒不如世儒；世儒说圣人之经，解贤者之传，义理广博，无不实见……文儒为华浮之说，于世无补。”王充对于这分法，自己并不赞成，但我们可以从此看到当时很流行的一种看法。世儒之文是载道之文，而文儒的不是。王仲任不赞成这个分法，大概是认为二者不应当划分，即不应当有两种人，也不应当有两种问。他大概主张为文应当文情并茂，华实双收，方为最有价值；如果二者不可得兼，则与其文胜，不如情胜（情指情实，而不指后世所称的情感情绪，可不待解释）；与其华多，不如实多。这从好几段话里可以看出来。他在《对作篇》里说到所以作《论衡》之故，颇自比于孟子，并且学孟子的口吻说，不是他喜欢辩论，而是不得不辩论。在《量知篇》里又评论到别的文人说：“无经义之本，有笔墨之末；大道未足，而小伎过多。”《论衡》脱稿以后，他在《自纪篇》里又说：“大养实者不育华，调行者不饰辞，丰草多华英，茂林多枯枝。”他用这几句话来文饰他的文章的不能纯美。《论衡》的文章不能算美是一个事实，王充也自知之，既自知之，就不能没有一种自圆的说法，这说法就是与其文胜不如情胜之说了。不过从他不赞成强分文儒世儒的话看来，我们又不得不承认他是一个文情并茂论者。无论如何，文以载道的看法，在王充的议论里是很明显的，而因为他的文才不大高明，于是他的文以载道的说法做法便更属显然。

不仅不以文重的作者如王充如此，就是以文名世、以文传后的文士也不能不偶尔发些文以载道的议论。这里我们引一个三国时代的代表，作《文赋》的陆机。《文赋》里说，虽区分之在兹（指文章各体），“亦禁邪而制放，要辞达而理举，故无取乎冗长。”又说：“苟伤廉而愆义，亦虽爱而必捐。”又说：“或寄辞于瘁音，徒靡言而弗华……或遗理以存异，徒寻虚而逐微，言寡情而鲜爱，辞浮漂而不归。”又说：“或奔放以谐合，务嘈囋而妖冶，徒悦目而偶俗，固声高而曲下。”每一句都是富于载道的意味的话。前两段是积极的说文应载道，中一段都是兼正负两面而言之的，末一段则专说不载道之文。至于说“立片言而居要，乃一篇之警策”。更无异说文以情胜，不尚虚辞浮说了。沈约在《宋书·谢灵运传》后论到建安诸子，也终于说到“以情纬文，以文被质”的原则。总之，不用情实来缀合的文学，不与情实相为表里的文字，终究不是好文字，而一言情实，则其间必有所载，而所载之物举可以用道的名称相加，至少在主观方面是不成问题的。

有几个与文以载道的看法有密切关系的名词，是值得在这个段落再加说明的。孟子提到邪说、邪辞、淫辞、诐辞、遁辞，荀子提到奸说。《吕氏春秋》提到空言虚辞，淫学流说。这些名词当然不是随便创构与运用的，它们都有供参较的标准。邪说、邪辞、奸说所参较的是一个正常或适中的原则。说话的人心目中存着一条经常而人人应当走的大路，所以孟子说，邪辞知其所离。淫辞、淫学、流说所参较的是一个度量和分寸的原则，凡属超越了相当限度而流连忘返的事物，都适用“淫”与“流”一类的形容词，包括言论在内。淫纵与流放的结果等于陷溺。其实，在淫纵与流放的过程中，其人已经陷溺了，所以孟子说，淫辞知其所陷。荀子也说，小人“多言，无法而流湎然”。诐词所参较的标准是一个完整通达与平衡的原则。只知其一不知其二的言论是畸零的、闭塞的、偏欹的，所以孟子说，诐辞知其所蔽。一派信仰，一种思想，一门学术，想以管窥蠡测之所得，来解释一切，来准绳一切，在孟子一概认为是诐辞；其窥测得对的已然是诐辞，不对的自然更是诐辞了。这几种不健全的辞，不健全到相当程度以后，也就彼此不容易分别，例如畸零的诐辞指局部的过于发展，以致掩盖到全部，而发言的人不知，以为局部就是全部，陷溺其间，无由摆脱，此种诐词岂不是就近乎淫词？又如偏欹的诐词偏到一个程度，以至于无法恢复平衡，岂不是近乎邪词？邪词与淫词之间，也有同样可以互通的情形，至于遁词、空言、虚说所参较的标准是一个实际与经验的原则；遁词即孔子所说的从而为之词的词，是心口不相应给的词，是和个人的心理与经验相抵触的词，明知其抵触而犹不能不用，其目的显然是在虚晃一刀，借此为下场地步。所以孟子说，遁词知其所穷。虚词的不顾事实，不问经验，或与事实经验相乖，更是显而易见，无庸再加说明。

上文指出自春秋前后以至六朝，我们所征引的不少议论，都有文以载道的意味，但所载的道究属是什么东西，我们始终没有说明。而说到此处，又似乎不必再多说明。所谓道，至少在这时代里一般贤者所认识与称道的道，归纳起来，也不外是上文所提出的几个原则：即中庸而不固执一端，正常而不邪恶，有分寸而不过度，完整而不畸零，通达而不偏蔽，切实而不夸诞。中庸而不固执一端的一个原则包罗最广，可以说是一个领袖的原则，一个总原则。凡是有合于这些原则的文，就是载道之文。

我们再回来就文以载道的看法的来历续加叙述。唐以前既有淫词、奸说、淫学、流说的名词，唐宋以后更有文穷、文妖、文淫一类的称谓。韩愈在《送穷文》里说："不专一能，怪怪奇奇，不可时施，只以自嬉：其名文穷。"李肇《国史补》里有一段很有趣的文字，评论唐代晚年的文风。"近代有造谤而著书《鸡眼》《苗登》二文；有传蚁穴而称李公佐南柯太守（按即唐人小说李公佐《南柯记》）；有乐伎而工篇什者成都薛涛；有家童而善章句者郭氏奴——皆文之妖也。"唐代文学最称发达。唐文的变化最多。唐人的小说，在中国文学史上有一个特殊的地位；唐人的文章可以说是最不受文以载道的看法的限制的，但依然免不掉这一类富有文以载道的意味的议论。《送穷文》是一篇游戏的文字，游戏的文字至少有"自嬉"与嬉人的价值，而在作者已不能不有一种设词，来替自己解脱，认为文字的功用如果只限于自娱娱人，乃是文字的一条末路，一种穷极无聊的表示。李肇的看法似乎更狭窄。造谤著书，固然可议；妓女于做人之道，大有亏缺，做人不成，做诗却成，这其间也不无非议的余地，但何以蚁穴的寓言，家童的章句，也要蒙文妖之名，怕是后世一般的读者所不容易索解的。

到了宋代，文以载道的看法与说法似乎有变本加厉的趋势。这可能与北宋道家的发达以及南宋理学家的兴起有些密切的关系。张君房在《云笈七签》里说："人能学道，是谓真学，诸外事皆是淫学。"此文以载道之道显然只是后世到家之道。周敦颐在《通书》里说:“文所以载道也;轮辕饰,而人弗庸徒饰也,况虚车乎?”朱熹最推重《通书》,至于比之于《语孟》,又替它作注,说,“文所以载道,犹车所以载物,故为车者必饰其轮辕,为文者必善其词说,皆欲人之爱而用之。”文以载道的看法虽极古老,文以载道的说法我们到此才第一次遇见。这种说法,单单就周、朱两氏的话来说,似乎并不发生很大的问题,因为二氏对于所谓道,并没有下什么界说。不过当时一般的道家或理学家对于文以载道的看法是相当的狭隘的。程颐认为《资治通鉴》一类的书不应该读,读则不免“玩物丧志”,所以禁人勿读。又有一个理学家讲学,不设图书库藏,为的是同样的原因,即深怕学者只知读书,不知做人,只知学文,不知学道。我记得这位理学家似乎也就是小程夫子。朱熹致汪尚书书里论到二苏氏(苏洵、苏轼)之学,认为“害天理,乱人心,妨道术,败风教”,不在王氏(王安石)之下;其徒若秦观李廌皆浮诞轻佻,士类不齿。张栻论诗,把诗分为诗人之诗与学者之诗两类,说“诗人之诗,可惜不禁咀嚼;学者之诗,读着似质,却有无限滋味,涵泳愈久,愈感深长”。所谓学者之诗大概就是载道之诗了。又说:“古诗皆是道当时实事,今人做诗,多爱装造言语,只知斗好;却不思一语不实,便是欺,这上面欺,将何往不欺?”真德秀编《文章正宗》一书,把所选的文字分做词令、议论、叙事、诗歌四类。他所谓正宗,指的是内容道理上的正宗,而不是文章风格上的正宗;他对于诗歌所用的标准也是一样,结果是一部中选的诗读去全无情趣,也许有如张南轩所说,未尝不禁咀嚼,不过嚼来不免有蜡味罢了!听说刘克庄,他的弟子，在《后村诗话》里，对他就有过一些不大客气的话。清初顾炎武对他评论得更是厉害，可惜手头无书可查，不能具引。这一类道学家的诗，后世评论家似乎一概称为“击壤派”的诗。

元明之交我们也发见了一位主张文以载道的人。王彝，彝字宗常，史传上说他“有操行，为文本经术”。他与杨维桢同时，当时维桢以文章主盟天下，王彝独独瞧他不起，写了一篇以《文妖》为题目的短文章，专门骂他，大致说：“文不明道，而徒以色态惑人媚人，所谓淫于文者也。”说亦见明人笔记朱国桢的《涌幢小品》。不过据清代诗人王士祯在《池北偶谈》里说，王彝自己做诗，在歌行一体上模拟唐人李贺与温庭筠，也正复不免堕入恶道，以文淫文妖责备别人的，自己也不免被人讥弹，可见此种责备，表面上虽用到文以明道的极冠冕的设词，底子里可能是别有动机。

清初顾炎武曾经评论过真德秀《文章正宗》里选诗的不当，可见他对于文以载道的看法，是与宋元以后的理学家不同的。这看法究竟如何，我们一时不能征引。不过清人笔记叶廷琯的《鸥波渔话》里引他的几句话，很足以从旁说明他的看法是比较宽大的一种。亭林先生的三位宅相，特别是最大的那一位徐乾学，都是做大官而以提倡风雅自居的。不过亭林先生时常很不客气地训诫他们。有一次说：“有体国经野之心，而后可以登山临水；有济世安民之志，而后可以考古论今。”这事实上还是文以载道的话，不过涵义却很广，决不是宋元理学家的一流。亭林而外，我们在清初还可以举一个例子，就是《广阳杂记》的作者刘献廷，他有一两段话说到戏文小说的本质与功用，值得从详征引。“余观世之小人，未有不好唱歌看戏者。此性天中之《诗》与《乐》也；未有不看小说听说书者，此性天中之《书》与《春秋》也；未有不信占卜祀鬼神者，此性天中之《易》与《礼》也。圣人六经之教，原本人情，而后之儒者，乃不能因其势而利导之，百计禁止遏抑。务以成周之刍狗，茅塞人心，是何异壅川使之不流，无怪其决裂溃败也。夫今之儒者之心，为刍狗之所塞也久矣，而以天下大器，使之为之，爰以图治，不亦难乎？”这真是一段得未曾有的大议论。继庄先生并没有离开文以载道的立场，但他与宋元以来一班主张文以载道的人不同，认为戏文的小说，卜筮星相，也未尝不可以载道，这便是他的卓见了。清初而后，汉学代兴，风气为之一变，亭林、继庄这一班大师都是对于这种风气的转变极有贡献的人。从此以后，除了少数乡愿式的道学家，以及专门印发文昌帝君《功过格》与《戒淫文》的一类大善士而外，宋元以来的文以载道的看法，总算是得了一些解放。

上一番历史的叙述是很片段的，不过个人的记忆有限，手头可能查考到的文献也少得可怜。要在个人书簏以外，再广事搜罗，时间上也实在不容许，只得姑且作以一段落。我只希望从这番片段的叙述里，读者可能得到对于文以载道说之由来的一个鸟瞰。

（三）几个可能的立场

本节全属议论，无须征引许多过去的文献。

无论狭义与广义之文，必有所载，即必有其内容，必有其用途；没有内容与没有用途的文，是不可思议的。其装载的事物可能的有四种，而事实上真有的只得三种，而三种中比较健全足以维持久远的，又只有一种，如下：

文
- ——（所以自载）？
- ——所以载广义之道或人生的全部
- ——所以载狭义之道或人生的一隅
- ——所以载其他之文

第一种是所以自载之文。这在想象上似乎可能有，但事理上不会有，经验上也从不曾有过；如果一个人没有方法把他自己抱起来举起来，世间也就不会有文以自载的道理与事实。在近代的西洋，这一路的议论诚然是甚嚣尘上，许多人喊着“为知识而讲求知识”“为科学而发展科学”“为艺术而创造艺术”；喊尽管喊，结果是不会有的，有了也是似是而非的。除了人生的本身可能自成目的而外，其余的一切大概全是工具，全是手段，文化与文学很难成为例外。为知识而求知识，我们所获得的不止是知识的累积，同时也是一种兴趣或欲望的满足；为艺术而创造艺术，所获得的也不止是若干美妙的作品，同时也是另一种兴趣或欲望的满足；而兴趣或欲望已经是人生的一部分，是道的一部分了。又有人说，我们求知，并不为知识的累积，我们创作并不为作品的增加，我们只问耕耘，不问收获；我们有内在的表白的要求，我们只是率直地表白而已，其结果如何，我们是不同的，至少我们并不注重。这好像是西洋人文以自载的另一种说法，最近乎浪漫主义的一个说法。我们对这个说法有两个答复：一、如果他们所重的确乎是只在表白自己，只求表白的自由，而不在表白的好坏，不求表白的结果，而同时表白的过程却又不能不假道于文，不能不聊以文为工具，则他们的立场实在是一个文以载道的立场，而不是文以自载的立场，我们姑且搁下不提。二、如果他们对于表白的过程与表白的结果事实上是十分的重视，即所争的，名为表白的自由，实则想借此摆脱在过程上与结局上种种规矩格律的束缚，那上文一番评论文以自载的话便一样适用，因为表白自己的要求，以至于不受拘束的要求，依然是人生的一部分，是道的一部分。总之，无论文以自载的说法作何解释，是不可通的，而文以载道的立场却是无可避免。

我们以为道就是人生，这在本文开始的时候已经略加说明，认为不妨这样看，并且也不无所本。如今可以再作进一步的解释，《中庸》开头的几句说:“天命之谓性，率性之谓道，修道之谓教”。性是人生的根源，道是人生的表见，教就是文化，所以帮表见的忙的；换言之，性是人生的体，道是人生的用，教是此种用的剪裁润色。人生是一种功能，这功能原是自然的，但如完全任其自然，便不免始终在一个朴野的状态之中，而与其他的动物没有多大分别，所以要剪裁润色的动力虽由自然供给，而剪裁润色的限度，除了死亡的最后一道界线而外，自然似乎并没有供给，至少并没有直接的供给，而是间接地假道于人的情理的能力来供给的。因此，就全部人类文明史看来，这剪裁与润色的权能好像是完全在人的手里，与自然很不相干；人类自己不察，也以为这权能真是他自出心裁的东西，往往不免滥用。结果，不是剪裁过度，便是润色过度，渐渐地从修道的局面形成一个害道的局面，形成一个尾大不掉、危及人生的局面，其最终的结局是死亡，那就到达上文所说的自然所供给的最后的限度了。人类的文明史事实上只是若干民族的文化史，民族文化盛衰兴亡的数见不鲜，我认为要从这一方面来观察，来解释，方为最近情实。

中国民族，特别是先秦时代的中国民族，不能不说是一个比较聪明的民族。（这聪明究属从何而来，是从直觉来的呢，是从经验来的呢，我们姑且不问）一部分创造民族文化的人很早就看到自然的重要，看到自然的人生是比较健全的人生，只有合乎自然的人生，才可以与天地同其长久。另一部分又看到人生于时间的绵长而外，也宜乎有空间的发展，于自然的生长而外，也宜乎有人为的修饰，于是分而言之，主张礼数，主张文学，合而言之，主张本末并重，博约兼赅，主张文质彬彬，而彼此不相偏胜。这两种人，谁都认识前者是道家，后者是儒家，大抵道儒两家没有不赞成文以载道的看法的。老子是极端的重道而不重文的，但亦不能没有五千言的《道德经》来载他的道；儒家自不消说，至“余岂好辩”的孟子，更不消说。即如初创“文以载道”之说的周濂溪，他的看法，就字面与朱子的注解而言，也还是大致不错的。文所以载道，好比车所以载物，文是工具，道是目的，文能载道，即是教人生得所安放，得以行远。

这就已经说到所以载广义之道的文了。上文说过，我们根据秦汉前后诸家对于文以载道的看法，得到了几个原则：一是中庸而不固执一端，一是正常而不邪忒，一是有分寸而不是过或不及，一是完整而不畸零，一是通达而不偏蔽，一是切实而不夸诞；而中庸或执两用中的原则更是一个总原则可以概括一切。道或人生，诚能把握住这些原则，便是健全的道，健全的人生，在空间上可以扩展，在时间上可以绵长，可以高明配天，博厚配地，而悠久无疆。所以《中庸》在介绍性、道、教三大本体之后，不久便说到，中为天下之大本，和为天下之大道，而实践中和的结果，便是天地位而万物育，便是一切能安所而遂生。而诚能把握住同样的原则的文，便是足以助长、推进而发扬光大人生的文，也就是健全的文。文以载道之说应作如是解释，秦汉以前，也确乎如是解释过。至于何以知广义的道包括这些原则，又何以知这些原则确乎对人生有利，则近代学术的进展已经逐渐加以坐实；全部生物演化的历史，全部的演化论的学说，生物统计学里常变的两大概念，近代生活过于专门化与技术化已经给我们的教训，全部优生淑种的理论，不都可以供我们的参考么？

如果在民族文化发展的过程中，至少主持文化的人都能有上文所述的看法，从而不断地向当代与后世的人提撕警觉。岂不甚好，可惜不能。（这所以不能的缘故，可能是智力降低了，直觉的能力减少了，或利用经验阅历的本领削弱了，目前也姑不论）此种不能的表示又可能有两个方向，而事实上都有过。一是遗漏（omission），二是错误（commission）。遗忘了中和完整与通达的原则，而只看见道的一部分，或人生的一部分，且从而主观地认为这一部分就等于全部，这就是遗漏，也叫作偏蔽。此种人而犹文化或文字的活动，其活动未尝不载道，不过这道是片段的、零星的。如果活动的人自知其片段零星，又能自己明白承认，则于事无妨。先举一个最单纯的例子。昌黎作《送穷文》，自认为“不可时施，只以自嬉”，游戏虽不是人生的要求的全部，却不失为人生要求的一种，也未尝没有它的地位，即《送穷文》未尝不可做，做了本人既可以自娱，后世穷而有志之士也可以借此解嘲；一样一个穷人的生活，能寻“穷开心”的总要比不能的好些。不过如果专以游戏为事，幽默为事，以小品文为文学的准则，以公安、竟陵一派为文章的正宗，那问题就多了。

再就狭义的文学方面举一个比较复杂的例子。今人论文学，说人生不脱情理事物几个境界：情理发乎内，是人性的自然；事物铄于外，是外缘的自然。事物的刺激唤起情理的反应，这反应又假托了声音、姿态、符号而表达出来，就是文。所以文有言情的，有说理的，有叙事的，有状物的。不过绝对客观的叙事文与状物文不可能，其背景中必有若干情理的成分；绝对主观的言情文与说理文也不可能，其外缘必有一些事物的烘托。情理因事物而反应，因语言、姿态、声音、符号而表白，表白而有效，即我人对于外铄的事物得以了解，得以体验，而内在的情绪得以抒展，理义得以传达，其总结果为生活得到进一步的安放，进一步的发育，这就呼应到我们在上文所提的位育之论了①。一篇好文章就是有位育价值的文章，作者本人既因写作而增进了位育的程度，有同一情理之感的读者也因阅读而获取了同样的效果。好文章的所以百读不厌，所以能流传久远，就因为这层道理；就因为他能做人生的良好工具，能载比较中和完整与通达的道。

第二三流的文章以及各式程度的坏文章就不然。即就人生情理事物的四种境界而言，或抒情而不托于物，或说理而不切于事，或叙事而不绳以理，或状物而不寄以情；绝对的专门抒情，说理、叙事、状物的文章虽不可能，而情理与事物不相配称不大呼应的文章却所在多有。感伤主义（sentimentalism）与浪漫主义的成分太浓的文章，即无病呻吟的文章，属第一类，诡辩的文章，故弄玄虚的文章，一部分形而上学的文字，属第二类。捏造事实的文字，攻讦诽谤的文字，小题大做而无意义的寄寓的文字，可以说属于第三类。近代报纸上此类文字独多，例如大部分的所谓社会新闻或黄色新闻。专门描摹光景的文字，堆砌着许多的古典与成语的诗文，小品的所谓科学文字，小题的科学研究文字，可以说属于第四类。小题的科学研究文字，虽有用途，究非文学，除了后来做同样研究的人加以参考而外，十之八九没有第二个人阅读，也没有人阅读第二遍。图书馆里汗牛充栋的旧的期刊里满载着这种文字，极难得有人翻动。这四类的文字，即使动机无可非议，于事理微有发明，于人生亦不至全无裨益，但就上文的标准看来，其所载之道终究只是一些可观而致远恐泥的小道。陷于小道的学问为害尚小，甚至于对于整个人的人生还不无点缀；最可怕的是专主情的文学家，专言心或专尚理的玄学家，或专主物的哲学家，以至于历史家与社会科学家，以道之一偏为道之全部，从而著书立说，劝世垂后，认为他所见的才是大道，妄以为道之所萃，尽在一身，圣人复起，这些才是他不得不辞而辟之的对象。情理事物而外，人生当然还有许多别的境界，例如天地人三才的境界，群与己的两个人伦的境界，过去、现在、未来三个时间上的境界等，这些都是道的部分，任何部分都可以成为“学者”的阿私，主观的成为道的全部，而构成一种偏蔽与武断的学说以至于信仰。

二是错误，即所载的东西不属于道，不是道的部分。而误以为道，亦即误以为人生的其他工具为目的。上文提到只有人生自身可以成为目的，一切广义之文都只好算作工具，与狭义之文一样。如今以狭义之文装载广义之文的一种，名义上是文以载道，实际上是文以载其他之文，即成为工具之工具，那是一种错误。宋高宗尝论米芾的字为“重台”，意思说，前任论羊欣的字为“婢学夫人”。而芾又学羊欣，成为婢的婢，婢的婢叫“重台”[②]，如今人生是夫人，一切广狭义的文都是婢，都所以侍候夫人的。如果狭义之文所载的既不是人生，而是人生的另一工具，其地位原与狭义之文相等，那岂不也成为一种“重台”，成为一个廉成诗婢之婢，一种扫地的“斯文”了么?

查考以前的文学，属于这错误一方面也正复不少，而最多的是在宗教与道德的领域以内。宗教与道德未始不是文的一两种，未始不是人生的工具，我们在篇首已经说明过了。在西洋，道德可说是宗教的一部分，包括在宗教之内，所以宗教的载道之文独多，一直要到十六世纪，文艺复兴以后，才逐渐减少；而真正的衰歇则要降至十七世纪以后，因为“唯道德论”（moralism）的打破是这世纪以内的事。这是不得不归功于当时一批所谓社会物理学家的。其在中国则因为儒家的人生哲学始终是文化的主流，而民间宗教有如释道二氏的布道的（evangelical或proselytizing）推动力不强，所以宗教与道德很分划得开，而唯道德论的载道之文就比较的多，特别是在宋元以后。这并不是说宗教与道德两者混合的载道之文完全没有；有的，例如民间盛行的文昌帝君《功过格》与《戒淫文》之类，不过数量总是有限罢了。宋元以后，理学大行，这当然和道德的载道之文的发达有密切关系，理学家所最看重的是理，特别是从伊川以后，所重既然是理，而载道之文所载的又不过是以理为最大的对象，则最初看去，宜若其弊之所载，为偏蔽而不为错误。上文不承认过理是人生境界的一部分，而道之一偏么？这看法是不错的。我们对情理二大境界原不容有所轩轾，而理学则显然的对情的境界大加歧视。不过这看法还不够。理学家何以歧视情的境界呢？原来他们把情与理看成两个自然有优劣高下的东西：理是义理之性，是善的，须发挥的，情是气质之性，是恶的，必须加以变换、感化，以至于遏抑的；甚至于认为理是天理，情是人欲，天理必须战胜人欲，否则不能为人。如此把善恶的观念引进以后，所谓理，表面上是道或人生的一部分，是一个目的，实际上却成为文的一种，工具的一种，就是我们普通所说的道德。③

说到道德一个名词，我又忍不住在这里补充一句话。道与德原是两个为铺叙之用的名谓字，而不是两个为称誉之用的形容字。道与德分指人生的内外两方面。德指内，等于说人是什么；道指外，等于说人做什么。道字宜乎作如此解，上文已经说过。德字的原意后世并没有完全消灭；《道德经》的作者用道德作为书名，多少还保存这两字的意思。又如前人的话说，“地丑德齐”，说“度德量力”，那德字的意义还是原来的，德字原做悳，从直从心，直心为德，至于说“内得于己，外得于人”谓之德，那“内得于己”的一半是原来的，“外得于人”的一半我相信是后来演出的。这么讲德，德就近于人性，所以说“诚于中，形于外”，一个人里面是什么，外面也就表现为什么。我对于道德二字的原意，看法是这样的。这样的道与德，分言之，是人生的表里两面，从里面看，人生是德，从外面看，人生是道，合言之就是人生的全部。如此，则文以载道，或文以载道德之说的适当的解释是，用文的工具，一面从内启发，一面从外修齐润色，使人生日臻于至善之境。这就呼应到上文所说“文以载广义之道”的一段议论了。不过我们对于道德两字的看法与用法并没有始终停留在这个段落，它们终于和社会价值的观念发生了联系。终于成为两个字缀合而成的一个形容词，或一个抽象的名词，其用途不复在陈述铺叙人生的情实，而在准绳评估人生的情实，其代表的事物不复是人生本身，而是人生的工具的一种。这变迁究属从何而来，我们姑不深究，否则不免离题太远。目前所可说的是，这种唯道德的倾向大抵是滥觞于孟子的性善论，自然之性既可断定为善，则与性在实际上是一物的德，以及率性而来的道，自无往而不是善的了。后来宋元理学家的种种议论，便是这倾向的末流，这倾向的变本加厉。

从上文看，可知唯道德论的文学，所犯的毛病在错误而不在偏蔽，即载道之际不是把道看小了，看偏了，而是看错了。不过看小看偏的说法也不是全无理由，全无根据。理学家所见之理，或道学家所见之道，同时也未尝不是理的一部分，或道的一部分，亦即未尝不是人生境界的一种。上文结论先秦至六朝许多作家对于文以载道的看法时，说到他们所见到的道是从人生的经验里归纳出来的若干原则，其中尤以中庸一条为有兼容并包的地位。这些原则，或这些原则所构成的人生哲学虽也未尝不是道的工具。足以促进人生，增加位育，但因为它们来历悠远，基础深厚，包罗广大，在这一班作家看来，直不妨认为道的一个境界，理的一个境界，甚至于认为它们就是道的中坚，理的中坚。换言之，要维持人生，要提高人生的意义，非把这一类的条理弄清楚不可，非走这些从经验里归纳出来的大路不可，所谓“经，常道也”，要不外这层意思。不幸的是，道学家或理学家把道理看窄了，看板了。例如小程夫子把“中庸”二字释做“不偏之谓中，不易之谓庸”。说不偏不中，是在空间上把中字看窄了；说不易之庸，是在时间上把庸字看板了。在解释的人，一位第一流的理学家，已不免在字面上把中庸说得如此其板仄，其他自郐以下以至于不入流品的作家更不必说了。“中”并不是等于不偏，我们从《舜典》执两用中的原则里，从经权并称的说法里，从孟子对于子莫的评论里，早就可以充分的看出来。“庸”也并不是等于不易，庸字从庚从用，庚通更，更通经，所以庸就是经用，庸德庸言，就是颠扑不破的、而历久可用的德与言，经用的东西无疑地可以久用，但久用并不等于永远不易，这我们从《易经》上久穷变通的议论里，从鼎革的两个卦里，也都可以看出来。后世把经字看作天经地义，看作神圣不可侵犯，把权字看作虚伪奸诈，看作玩弄手段，又把中庸看作不偏不易，于是才把一切进步的动力与机缘都给抹杀了；

而文以载道之道虽不失为道，终不免日即于支离破碎，偏蔽锢塞，这种责任，还得由宋元以来的理学家负之。

文必有所载，所载的事物可能的不出四种，实际的不出三种——这部分的讨论，到此可以告一结束。这四种之中，我们认为第二种，即所载为道或人生的全部，亦即比较的不离乎中庸的原则的那一种，是最配叫做载道之文；亦唯有这种文，才最能帮人生的忙，能教最大多数的人领会欣赏，最能流传久远。第三种是偏蔽的，失诸挂一漏万，它对于人生可能有几分用处，但这种用处是狭窄的，所能影响到的人也只是一小部分，并且往往是不太健全的一部分。如果偏蔽的程度极深，而成一个以偏概全之局，则对人生可以发生弊病，成为位育与进步的一大障碍。第四种是错误的，失诸张冠李戴，为了要强勉地造成一种风气，煽动一部分人的情感，甚至于昙花一现的。在表面上它好像教文化的生活突然整饬起来，突然迈进了一步，事实上这种整饬与迈进是不自然的，不健全的，是弯曲了人生为之的，如果延期较久，甚至于可以经由选择的途径，教人性根本上发生畸形的变化。大体说来，第三种的载道之文是紧缩的、收敛的，在历史上造成了各种的保守主义，而第四种是放纵的、泛滥无归的，在历史上造成了各式的激进主义。第一种所谓文以自载之文，我们认为字面上说得出，实际上做不到。不过它有一种很明显的功绩，就是和第三种第四种所谓载道之文抗衡。事实上，它是第三第四种的文所激发出来的反动，所以是比较的后起。不过矫枉者不免过正，文以自载之文虽不可能，在议论上终究属于另一极端，而在尝试的人也往往不免迷而忘返。

（四）文以载道的新趋势与文教的危机

上文说到，在以前中外的历史里，无论广狭义的文都曾经屈居“重台”的地位，就是“丫头的丫头”的地位。它所侍候的主人是谁呢？不是人生，而是宗教，而是道德；两个原先也就是丫头，不过后来喧宾夺主，或豪奴欺主似地变成了主人模样的东西罢了。文以自载的运动原想把它自己从重台的下贱地位解放出来，不过嚷了许久，没有成功，理论上本来也是不会成功的，上文也已经讨论到过。

有人说这解放工作是成功了的，它原先是一个重台，如今只是一个台；原先必须侍候貌似主人的其他的台，如今可以直接侍候主人，岂不是一种成功？如果这话与事实相符，则所谓成功是“文以载道”的成功，而不是“文以自载”的成功，这两种成功不容相混。不过我认为这不是事实，事实是它到如今依然是一个重台，所不同的是貌似主人已经换了一个罢了，我甚至于可以说连这个主人都没有换，所换的只是一套衣服、一副面具！宗教的作威作福是过去了，旧道德的颐指气使已经成为明日黄花；旧主人的墓木并没有拱，这大概是永远不会的，不过他们要比从前安分了许多。至于这种安分是不是自动的，是不是自动到一个程度，肯把我们的重台都给解放了，那却是另一问题。依我看来，这安分是被动的。宗教道德之所以安分，我以为是由于别的貌似主人的兴起。而且这种主人不止一个，有的叫科学，有的叫技术，有的叫商业，有的叫经济，有的叫政治，其中以政治为最有力量；而我们的重台，表面上好像从宗教道德的手里解放了出来，实际上，像奴隶买卖似的，却转移到了这些新主人的掌握里，而政治的掌握力尤为强大，因为它不但可以使唤我们的“重台”，并且可以左右其他貌似主人的几个“台”，如科学、技术、经济之类。这是换了主人的说法。近代的政治，特别是所谓集体的政治以至于极权的政治，面目上是政治，实际上却是政治、宗教与道德之和。它是建筑在一大套社会教条（social dogmas）之上的，根据了这些教条，它不但规定政策，发施政令，并且对于民众的思想、信仰、言语、行动，可以颐指气使，发生与生杀予夺之威力。近代的这种政治表面上是政治，底子里是宗教道德。它是“政教合一”的一个崭新的方式，无怪其掌握力的强大了。而不幸的，我们的重台恰好就在它的掌握之中！这是主人并没有换，只换得一套衣服面具的说法。我们的重台虽然跳出了樊笼，终于陷入了火坑。一切所谓解放的运动，结果往往如此，又何独裁“道”之文为然呢？

文学或其他文化的表现成为政治的工具，自古已然，于今为烈；于一切之政治为然，于近代的集体政治为尤甚。我举苏俄做例子。在苏俄，二十多年来，一切广义与狭义的文化工作，全部成为推广与宣传社会教条的工具。一九三一年上半年以前，一切小说戏曲影片必须歌颂社会主义中的平等主义，迨后情形一变，不平等的社会状态，一天比一天显著，使主持教条的人不得不放弃平等主义，于是，从一九三一年上半年起，一切文艺作品，如果再歌颂平等主义，便是“反动”。平等主义，在主持教条的人看来，到此成为“布尔乔亚的一种冥顽不灵的事物”（bourgeois stupidity），说详美国合众社记者莱盎斯所著《出勤在乌托邦中》一书（Eugene Lyons，*Assignment in Utopia*）。同书又有专论文化发展的一章，标题为《禁锢中的学术文化》（*Culture in a Straitjacket*），我如今摘录其中的一节如下：

我在出勤的几年里，也曾不断地注意到一部分更重要的戏曲、影片、书籍、杂志，但没有敢希望碰到什么比较自出心裁的东西。文笔的力量是有的，美也是有的，但思想的内容总是那千篇一律、教人发腻、过于单纯的一套。在科学的园地里，例如地质学的研究，北极的探险工作等，诛索异端的人比较不容易进去，所以还可以找到一点自由研究与放胆探讨的精神，但一到近乎纯粹思想的领域里，遇到凡是足以启发科学的怀疑态度的东西，或鼓励“危险的”好奇心的东西，我们便进了一个理智的富有恐怖性的专制时代了。

在苏联，所谓历史实在是一堆任情拼凑与任情修正的事实，目的在使它和克兰姆林宫所发出的政令不相抵触。所以人类学一定得和一部分的政策相呼应，就是关于苏俄对于各弱小民族的关系的政策。所以心理学一定要和斯大林思想中的种种假定相符合。（举一个例吧，全部福洛伊德派的心理学是一个禁忌，倒并不是因为苏俄的心理学家曾经加以驳斥，而是因为它根本和“党的阵线”冲突）至于哲学，如果有人对于斯大林的辩证法唯物论有什么疑问，他所遭遇的危险，比中古黑暗时代提出地球究属平不平的问题的人所遭遇的还要承受不起。就在自然科学里，我们也遇见许多奇形怪状的东西，什么“列宁主义的外科医学”呀，“斯大林主义的教学”呀，在生物学方面，也有不少所谓意识形态上的修正（例如关于后天习得性一层）。

要有真正的文化，要有真正的理智的自由，科学家必须能大无畏地作些富有创造性的研究，文学家必须能大无畏地产生些富有创造性的作品。但在目前的苏俄，这些东西是想不得的，不可能的，除非一个人原意自召杀身之祸。就在法国，在一七八九年的革命以后，我们多少还有得一点相对的自由；但在今日的苏俄，谁可以想象发见第二个福禄特尔，第二个迪特罗，来对苏俄的制度、标准、习惯，下一番不客气的攻击？就在帝俄的时代，我们也多少有一点同样的自由，但现在又哪里去找一个托尔斯泰，或一个涂琴尼夫，或一个萨尔蒂柯夫（Saltykov）来指摘当前的种种措施？不要说指摘，就是胆敢作一忠实与正确的叙述的人，我敢说还找不到。在帝俄，只要一个科学家或艺术家取一个中立的态度，而不谈政治，检查机关便可以不问；但是对于苏俄的检查员，中立是最罪大恶极的一种行为，每一个科学家或艺术家总得拿出凭据来证明他是积极的在拥护那一套社会的教条……

以文学艺术来拥护一套社会的教条，而且非拥护不可，那便是文以载“道”的最簇新的趋势了。在纳粹的德国，在不久以前泛系的意国，也有同样的情形，在其他当代的国家，也多少都有一些。不过这种趋势越强，则真正良好的文学，真正优越的文化，便根本无法产生，更不论他们的自由发展了。所以我们说这是文教的一个危机，一个厄运。

文教的所以成为一个“重台”，这其间有外铄得机缘，也有内在的原因。外铄的机缘，上文已经说过。至于内在的原因则显然是文教自身的不知振作，任人摆布。谈文说教的人怕十有八九不了解人生是什么，道是什么。或眼光狭小，坐井观天，或观察不清，指鹿为马，才造成上文所讨论到的种种结果。其他役使这重台的各个伪主人所犯的是同样的毛病，就是不了解人生，不识道为何物。然则要把文教从重台的地位解放出来，除了促进对于人生的适当认识而外，再也没有更重要的途径，文学自身要如此努力，其他文化的部分也需要在这题目上多下功夫。

注释：

①《中庸》“天地位，万物育”的一段议论和西洋生物演化论中 adaptation 或 adjustment 的概念最为接近。位，注称“安其所”；育，注称“遂其生”。前者是静态的位置，后者是动态的发育，岂不是恰好相当于 adaptation 的概念。因此，十余年来，作者就用位育一词作为 adaptation 的译名，以普代“顺应”“适应”一类过于消极与被动的译名，并曾草一短文加以介绍（《华年》周刊，第一卷，第二期）。

②《春秋左氏传》（昭公七年）：“人有十等，下所以事上……也；故王臣公，公臣大夫，大夫臣士，士臣皂，皂臣舆，舆臣隶，隶臣僚，僚臣仆，仆臣台。”

③ 按这种把情性强分优劣的看法，严格来讲，并不始于宋元理学家，专论性恶的荀子就有过性善情恶的矛盾论！他在《儒效篇》里，不是说过“人无师法则隆情矣，有师法则隆性矣”么？唐李翱在《复性论》中似乎也有同样的看法。不过这一部分唯道德论的得以普遍流行，而使天理人欲成为两个相对而相反的事物，宋元以还的理学家当然要负不少的责任，是不成问题的。

（选自《自由之路》，商务印书馆 1946 年版）

社会学者的点、线、面、体

近年来许多学问，以至于许多人事，包括战争在内，都喜欢用点、线、面、体的字样，大概为的是使人容易了解，容易捉摸，倒不一定是要给人一个印象，表示这门学问是如何如何的科学。我用到这三四个字，是完全属于随便谈谈的性质的，连使人容易捉摸的用意都没有。下文要说的话，无论用哪一种说法，总是闲话，总是常谈。

点指的是每一个人。社会生活从每一个人出发，也以每一个人作归宿。无论唯社会论一派，或唯文化论一派，把社会与文化的涵煦浸润的力量说得如何天花乱坠，无孔不入；我们不能想象一个没有人的社会与文化，也不能理解，我们把每一个人搁过一边之后，社会与文化还有什么意义、什么存在的理由。笛卡尔说，我思，故我在；我若不思，我即不在；若我不在，则我一切身外之物，包括社会与文化在内，对我亦即不在；如果每一个我不思在，则社会与文化等于全部不在。点之重要在此。

社会学者喜欢讲关系，就是点与点之间的刺激与反应。这就是线。一部分社会学者，例如形式社会学派，或我所称的道地社会学派，是专在线上用功夫的。他们这番功夫真是专极了。他们不但不问所以构成社会生活的其他种种事物，有如地理环境、经济条件、文化活动之类，似乎连所以产生线条的点都不大理会；他们至少假定，点，而且是大致相同的点，是必然的存在的，是早就现成地安放在那里的。好比纺纱线的人只管纺线，至于线头所附着的机括，他们至少在纺的动作顺利进行的时候，是决不存问的。不过他们和纺线的人有一层不同，就是他们的纺的动作似乎始终顺利，唯其始终顺利，所以始终没有存问附丽点的必要，因此，我们不妨说，他们更像蜘蛛，只管抽它的丝，织它的网。其他不必属于这一派的社会学者也有同样的情形，不过程度上较好罢了。

中国人以前讲伦常，所重也是在线，所重在人与人的关系。把道德标准的一层看法撇开以后，旧日的伦理关系，事实上等于今日社会学者所了解的社会关系。他们用到纲、纪、经、纶一类的字样，更明白地用线条来象征此种关系，也是很有趣的一点。不过有一层他们又和今日的社会学者不同，他们虽也未必了解所由构成线的点是什么，他们却并没有忘记它们，他们甚至于十分看重它们，所以有明德之论，有诚身之论，有修己之论，更有反躬之论。“礼人不答反其敬”一类的话，意思就等于说，如果你的线头，放出以后，却搭不上去，你得撤回来；弄清楚所以搭不上去的原因以后，设法再放出去，再搭；而这原因势须在你自己的点上找，因为比较近便。这种今昔的不同可能代表着今日的光景是一个退步。今日的社会学者，多少以第三点的资格，替任何第一第二两点之间牵上许多线条，做来可能是头头是道，也就是上文所说的纺的动作始终顺利，但我们读来总不能没有纸上谈兵、一厢情愿之感。

线条的总和是面。好比非职业的饲蚕的人，不让蚕结茧，而让它们把所有的丝吐在一个平面的衬托之上，方的，圆的，成为一种玩意儿，一种点缀品。在一部分社会学者，特别又是那道地的一派，认为只是这种线条自身，便已足够构成一个平面，更无须乎任何衬托的事物。别的社会学者则不同，他们认为衬托是需要的，而且自然存在，不要也不可能。并且衬托可能还不止一两层。至于究有多少层，或哪一层最较重要，甚至于重要到某一个程度，使承认之者认为即此一层便已济事，其他都不关宏旨，可有可无，那就得看一个人在社会学之外，又有些什么学识上的准备了。准备得广博些的承认得层次多些，狭窄些的少些，甚至把不大成为层次的东西也牛牵马绷似地硬扯成很稀薄的一层，稀薄得载不起所有的社会关系的线条的分量来。不用说我们的常谈到此，便进入了社会解释与社会思想的领域。

面的累积是体。讲到体，我们就得引进时间的概念。撇开了时间，不理会古往，不展望今来，一个社会的立体是很难想象的。这我们就进入了历史哲学和种种社会改造论的范围。大凡从事解释社会平面的人，迟早必进而作解释历史的尝试，即社会思想的各学派大都有他们对于整个历史的看法，即历史哲学或史观。一有史观，又往往更进一步的想根据历史之所诏示，形成一套未来社会的改造论或革新论。也有倒过来的，即先有一番改造的原则与理论之后，再从而就历史搜寻可能的衬托，追溯可能的源流，然后终于建立一个史观来；但这种倒转来的例子似乎总居少数。大抵这一类的例子中人，改造社会的热诚必较了解社会的兴趣为浓厚，甚或对于社会现象的解释，根本不感兴趣，其改造论的提出，原先就没有经过理智与事实的充分的盘诘；但一旦提出以后，要取信于大家，促使大家接受，就不能不转而向历史寻觅一些可能的烘托与支持了。

立体是一种结构。各家所凭借的器材资料亦自大有不同。像平面的构成一样，有但凭各种人与人的关系所形成的线条的。也有援用人以外的事物的。也有专致力于事物机架，而把机架上所张挂与缀连的人事关系看作理所当然、毋庸深究的。结构究属完整到如何程度，或我们所了解的结构究属完整到如何程度，和对于面的看法一样，当然也要看一个人，或一个学派，在一般学识上的准备如何了。我们对于一种史观，应作如是看法；一种改造论通达到何种程度，可行而行之无弊到何种程度，我们的看法亦自相同。史观是多少已有实际根据的结构论，改造论是想往中的可能的结构论。

在不注重点的今日，我总觉得所有的结构论都失诸空疏，甚至于竖立不稳。一个没有支点、重点、立点的社会结构总像是一个奇迹。许多专拿人以外的事物作为资料的结构论，给我们的是一个凤去台空或人去楼空的感觉。其他专就关系与关系的格局说话的议论，如其所论为平面的一幅图案，则仿佛是死蜘蛛所遗留的网；如其所论为立体的结构，则相当于太古某一类原生动物所留存下来的各式矽质的遗蜕，完整，对称，玲珑，透剔，尽管有余，生命是早就没有了。这比凤去楼空的局面略胜一筹，因为那结网的丝，构成遗蜕的矽质，总还是蜘蛛和原生动物自己吐出来的。我眼前有一座珊瑚的根，高宽各有一尺，也是凿空曲折得有趣，足供案头清玩；但代表生命与活力的珊瑚虫，在千百万年前，便已不存在了。

总之，在每一个人的所以为点没有充分弄清楚以前，我们谈社会的线、面、体，总若有好几分不着边际，不得要领。换言之，社会学者不得不注意到人性的问题，一般的人性，与个别的人性。我们希望从事社会学的人要多有一些生物、遗传、生理、心理以至于病理诸种学科的准备，原因就在此。我们也希望大家多涉猎到人文学科、哲学、历史、文学以至于宗教、艺术，原因也不外此，因为，关于人性的了解，目前科学所还不能给我们的，以往人类所累积的经验或许能。

（选自 1948 年 6 月 30 日《益世报·社会研究》）

教育与成见破除

哥伦比亚大学教务长霍克士氏（H.H.Hawkes）最近在美国的中等教育会议席上说，教育与成见的战争是失败了。中学与大学的毕业生，不但没有拔除他们幼年的成见的蒙蔽，反而利用教育来做他们成见的护符，从此他们对于事理的观察评判，比乡曲还要来得固执武断！“我们当教职员的人，不能尽我们的力量，来贯彻‘知识应先于意见’的主张，来坚持‘要谈论前途，必认识背景’的见地，那我们未免辜负这一生了”。

教育只有两大目的：一是教人认识自己，尤其是认识自己在能力上的限制；二是教人破除成见，少受些成见的蒙蔽。近代的教育，对于这两个目的上，似乎都未能有多量的贡献。从事教育的人一壁既不能忘情于平等的旧说，以为圆颅方趾，大致相同；一壁又惑于教育的效能，以为人与人之间的功能虽微有差异，可因教育之力而多所补正。教育事业的自身既充满了这一类的诚词偏见，未能摆脱，又遑论青年受教者的被成见所包围呢？

欧美的教育家对于破除成见的目标虽未能多有贡献，他们对于这目标的重要却是认识得很清楚的，所以逢到讨论改进工作的时候，还有像霍克士一类的人出来再三申说。至若中国，虽未尝没有学校教育，未尝不召集会议，未尝不讨论改进的方策，可是谈来谈去，据我们注意力所及的，无非是一些学制的规定、修正、推翻、重订，课程的规定、修正、推翻、重订，数十年如一日；至于怎样教学生尊重客观事实，祛除主观的臆测武断，则学制中既没有制定，课程中更无此程序。结果是造成了一大批毫无判断能力的青年，在校时既但知道听途说，出校后尤不免随波逐流。近年来社会思想的庞杂，行为标准的混乱，学校自身既不得安宁，社会环境又日就崩解；安知不是这种学制教育与课程教育的厚赉呢？

近年以来，教育界与文化界之此种现象有变本加厉的趋势。以前办学的人不识成见的贻害，不知破除成见的重要；今日昌言教育的人已经明白什么是成见了，也明白成见的应该破除了；但是我们只知别人的成见是成见，而一己的成见并不是成见，而是主义，是学说，是思潮，是中心思想。于是甲以甲主义设教，乙以乙学说著书，丙以丙思潮办报，教育与文化的机关越多，于是青年的判断能力，社会的行为标准，越发不可问了！这种局面的由来，几年来的中学教育与大学教育不能不负几分责任，而动辄以主义与中心思想诲人的教育行政当局也不能辞其咎。

“先知识而后意见”“欲谈论前途，先认识背景”，这是拔除成见的蒙蔽的不二法门。愿从事教育的人从今后从这一方面来着手努力吧。

（选自《华年》1932 年 9 月 10 日第 1 卷第 22 期）

完人教育新说

基督教青年会的会徽是一个三角圈。它有两种意义：在神学方面，指着三位一体；在个人修养方面，代表德、智、体三育。一个人如在身、心、灵三方面都能发展到相当程度，这个人就可以称做“完人”了。

这是青年会创立时所规定的，但是近年来，从事的人觉得至少还有一方面应当加入的，就是个人与个人的相互关系。身、心、灵的修养始终是个人的，在灵的方面，未尝不讲求“神我相与”的道理；但是“人我相与”应当怎样，便完全没有提到。所以，他们于德、智、体三育之外，又添上一个“群育”。

蔡孑民先生曾经提倡过以“美育”代宗教。上月中央四次会议时褚民谊先生提议根本改组党部，把他分做德育、智育、体育、群育、美育五大部，使党员可以得到多方面的发展，不但成一个合格的党员和国民，并且成一个完全的人才。如此，除了青年会历来提倡的四育之外，又添上一个“美育”，成为五育了。

吴稚晖先生以为今日的中国人，在讲求各种发展之先，第一要有饭吃，要有能力吃饭；胡适之先生拜金主义的说教，底子里也不外这个意思。中华职业教育社提倡职业教育本已有年，最近复有职业指导运动的举行，好像和吴胡两先生的主张彼此呼应。这种发展吃饭能力的教育，即是职业教育，我们不妨称它为“富育”，以与其他各育的称呼相配称。这里的富字自然不作“为富不仁”的富字讲，却作“既富而后教之”的富字讲，便是求生计上有相当的余裕。所以，除了上文的五育之外，我们应当把“富育”也加进去。

综合起来，似乎完人的教育至少有六大方面：德，智，体，群，美，富。这六个方面，照上文的叙述方法，似乎由我个人东拉西凑而成的。其实不然。我记得欧美社会学者论文明人类的社会旨趣，归纳的结果，也就不过这几方面。例如美国社会学前辈司摩尔（Small）便把一切社会旨趣归纳成关于健康的、关于财富的、关于道德和宗教的、关于美的欣赏的、关于智识的探求的、关于政治和人我交际的六大类。这不恰恰合着我在上文所提出的六大方面么？文明的社会里既有这种种旨趣，教育的指望也就要各个人对于这种种旨趣有充量的取和充量的与，即充量的贡献和充量的享受。

话虽这样说，我们还没有见过从事教育的人采取这种多边形的教授方式的，事实上恐怕也无从采取。第一，这种种方面，实际上不能绝对划分。例如，德育和智育二者，如若我们把“智”育纯粹当作知识的获得，还可以，如若把“价值观念的养成”也包括在内，那就和“德”育分不清了。又如德育和群育，如若我们采用基督教徒的见解，把“德育”解释作“灵修”（姑不论灵字究作何解），也还可以；如若采取近代社会学的见解，以为道德生于人我相与，即道德是社会意识的产果，即道德是属于人群的而与神道无干，那么，德育和群育也就根本没有分别了。第二，人类生来的禀赋不同。所谓不同者，不但指各个人间的禀赋不一样，也指每个人得自遗传的各种品性，根柢上有强弱之差；所以，不特各个人间不能有同途的发展，即一个人的各品性间也不能有等度的成绩。我们见人家恭维青年人，常说“三育并进”一类的话，我们明知道是不确的。第三，种种社会旨趣，在同一时期与环境内，并不有同等的价值。中古时代欧洲的宗教社会重“德”，文艺复兴时代的意大利重“智”重“美”，今日的美国很推崇“富”。凡有一方面受特殊的推崇，其余的方面都要被抹杀，或被利用来做推崇那一方面的工具；例如重富的美国社会和不得不重富的中国社会里，宗教界中人（德），教育界中人（智），艺术界中人（美）……所以日以孜孜的，无非为钱，为吃饭。各种社会旨趣的价值既有轩轾，那么个人的品性即使有平衡发展的可能性，也就不能平衡了。

完人教育是很好的一个目标，但是事实上是办不到的。然而为社会的演进计，我们不能不向着这个目标走去，不过我们须要改换进行的方法。我们第一应当废除以前“方面”的观念，取消“德育”“群育”“美育”一类中听不中用的口号。第二，我们要提倡一种——无以名之，姑名之曰——价值意识的教育。我国古代的智字，不止指知识的获得，也指价值意识的培养。西文中的wisdom，也是这个意思。近人把“德育”和“智育”完全分开之后，于是“智”字的本义转晦。价值意识之发达，用之于理智，便知是非真伪的区分；用以待人，便识善恶荣辱的辨别；用以接物，便识利害取舍的途径；甚至艺术家所称“赏鉴的能力”，即美丑的辨别力，西文所谓taste，也无非是价值意识的一部分。从价值意识一端下手，则凡天分不是下愚的人，都可以得到相当的造诣：因为，是非真伪的辨别力不限于科学家和逻辑家，善恶荣辱的辨别力不限于群性特殊发达或善于交际的人，利害取舍的辨别力不限于持筹握算的商业巨子，美丑精粗的辨别力不限于诗人、画师或雕塑的专家。质言之，价值意识发达一分，辨别力便强一分，其人行为上便多一分裁制，多一分自主的能力。诚能如此，则去完人的鹄的，虽不中，也不远了。

（选自 1930 年 11 月《读书问题》）

父母教育的先决问题

近来教育界盛倡儿童教育，因儿童教育而想起家庭教育，因家庭教育而想起父母教育，即父道母道的教育。《儿童教育》杂志近将有父母教育专号的印行，我们从民族位育的立场看去，自然是极欢迎此种趣向。

不过我们以为处今之世而谈父母教育，虽不能说是违反潮流，至少是不和潮流并行的。不说一般的潮流，就是教育一方面的潮流也似乎和父母教育的观念有几分冲突。现代教育有几个特点。一是个人成功与乐利主义的畸形发展。这种以个人功利为前提的教育教人视婚姻生育为畏途；近代独身、迟婚、不生育、少生育倾向的增加，一部分显而易见是教育的结果。在这种形势之下提倡父母教育，真有些像向和尚、尼姑兜卖梳子、篦子。第二，近代教育又极看重所谓社会化的原则。社会化的原则又造成了两种眼光。从一时代的空间看去，这种眼光是舍近求远的。一个受过高等教育的女子，至少在口头上不愿意出嫁，而愿意终生当一个小学教师，为社会服务。不结婚、不生育、不给自己一个教育自己的儿女的机会，而日唯与别人的子女相周旋。在这种舍己耘人的形势之下，我们需要的至多不过是“教师”教育，而不是“父母”教育。假若我们再看远一些，看到民族的前途，也可知这种所谓社会化的原则所造成的眼光也是舍远求近的。受过高等教育的女子但知舍己耘人的影响，扩而充之，势必至于有无田可耘的一日，或无良田可耘的一日。为什么呢？能受高等教育和能做教师的女子在民族里是不多的，她们而不结婚、不生育，就不啻变本加厉地减少了下一代人口中可以受教、可以有为的分子。这不是顾了目前的服务而忘了百年的大计么？不配做父母的人偏要做父母，配做父母的人偏不做父母，试问在这种畸形的情形之下，父母教育又有几分活动与发生效力的余地。

近代教育还有一个特点，就是不管男女的分别。自小学以至大学，男女学生所受的训练中，于一般的性的功能，既不提及，于男女旨趣的各别，自更置诸不闻不问之列。不分男女，何来父母？没有性教育，还谈什么父母教育？

所以在今日提倡父母教育，须首先纠正一般教育的种种谬误。第一须改正以个人功利为重心的趋势，第二须变通社会化的原则，使大众的目光可以从横亘空间的社会上转移一部分到纵贯时间的民族上去。而要做到这两点，但须重新奠定家庭的地位。唯有健全发展的家庭才能兼顾个人与社会的发展。也唯独家庭的地位奠定以后，才用得着父母，父母教育才不落虚空。至于教育应以性分化为根据，同者固应相同，不同者尤应相异，是毋庸多说的。

（选自《华年》1933 年 1 月 28 日第 2 卷第 4 期）

恋爱纠谬

近代青年口口声声讲恋爱，可是愈讲愈教人迷糊；他们也喜欢在文字上分析恋爱，但是在平时越分析得清楚，一到恋爱的境地，越是不分皂白，一意孤行。为什么？实在还是因为见解的不正确和错误。

青年人对于恋爱的误解并不是单纯的，而是很复杂的，就通常遇见的说，大率不外下列的几种：

（一）误以恋爱为肉的、或灵的、或灵与肉的混合品；

（二）误以自我恋的推广为真正的异性恋；

（三）误以婚期前后之浪漫式的恋爱可以维持永久，到老不变；

（四）误以恋爱为绝对无须条件，且不宜有条件；

（五）误以恋爱自身为婚姻的条件，且为最大或唯一的条件。

现在请详细说一说。

（一）青年讲恋爱，灵呀、肉呀，肉呀、灵呀，有灵有肉呀，先灵后肉呀；愈讲得天花乱坠，听的人愈不明白。青年中间，以恋爱完全为肉的人，大概是没有，除非是已经在这个恶浊的世界里饱尝过风露的人。但是以恋爱完全为灵的人却不在少数。我有一位很熟的朋友，他在订婚之后告诉我：我俩未来的恋爱，将完全为柏拉图式的。我说，很好。去年听说他们居然生孩子了。可惜他并不是基督教徒，否则这个孩子便有前例可援，不足为奇了。大多数的青年却主张灵肉混合的学说。这种主张最普遍，可不加征引。也有少数主张恋爱即使全部为灵的，其中未尝不可无肉的成分，这种肉却是一种灵肉，与普通的肉不同。例如有一位学界的领袖说："这种真爱，似乎是偏于精神的，所谓灵的爱；但是灵中有肉，精神的爱一定可以感动所爱者的心，灵肉未尝不一致。"这一类议论对于生相思病——尤其是单相思——而奄奄一息的人，也许有起死人而肉白骨的神效。

我就不懂什么是灵，什么是肉，我只知道男女从相见、交际，以至于结婚而营共同生活，时间虽有长短，步骤虽有快慢，无非是一个继续不断的历程。这历程中究属哪一部分是灵，哪一部分是肉，即使我分别得出，我也指点不出来。我只晓得两个健全的青年男女，放在一起，自然会彼此的吸引，越吸引自然越近情。这种吸引的力量也不知是灵的肉的、磁气的、电气的。我们在此的任务不在和青年们讨论灵与肉的性的形上学（sexual metaphysics），却在帮他们的忙，教这一番吸引的过程不要太匆忙，要从容走去，不要三脚两步的乱闯。我看越是讲灵与肉、肉与灵的人们，遇见了可以吸引他的异性，越是横冲直撞，急不择路，那时他的灵肉之分，也早已飞向九霄云外去了。

（二）以自我恋爱的推广当做真正的异性恋爱，在当今选择自由的时代里，几乎是没有一个青年可以幸免。我以前在拙作《冯小青》里，有过这样的几句话：

青年人之于其情人，当其未得之也，则拟为种种高远之条件而加以景仰；既得而察之，则竟无一事合其所理想者；于是移其崇拜理想之心，崇拜其情人。然自旁人观之，觉其情人殊无崇拜之价值，于是乃疑其所崇拜者，名则为情人，实则始终为其人自我所创造之理想，亦即其人自我之推广或放射，所不同者，即自得一异性之人物，其理想乃有所附丽……

最近读一本批评浪漫主义的书，作者大批评特批评所谓浪漫方式的恋爱，他说：浪漫式的恋爱者实在是没有对象的，因为自身就是对象。也就是自我推广与放射的意思，不过说得更干脆些罢了。

一个人因为自我恋的推广，往往为他的“情人”铺张扬厉，说得十分十二分的美满，我们从前叫做“情人眼里出西施”，现在精神分析派的学者叫做“性的过誉”（sexual over-estimation）。本人和别人不明白“出西施”的道理，以为这是热烈的恋爱的表示，是真正的恋爱，不知道大家都上了当了。

（三）青年人所称道不衰的恋爱大都是耳鬓厮磨式的所谓浪漫的恋爱。他们以为这种恋爱可以维持永久，真正圆满的婚姻生活应当始终有这种恋爱做他的衬托。这种虔诚的愿望固然是未可厚非，我们在可能的范围以内，也谁都应当培植这种恋爱，不要叫他花一般的开放、花一般的落了。其实呢？浪漫式的恋爱或游戏式的恋爱，用严格的生物眼光看来，原是性的结合的准备；一度性结合之后，这种恋爱暂时就变做没有多大精采。所以短时期的浪漫生活，虽不难于婚姻以后陆续培养，以为每次性结合的准备，而比较长期的浪漫生活，则唯有在订婚的前后可以享受，一经结婚，性结合既不复成为一个远大的富有吸引力的目的，既无须为多量的准备，浪漫的主义自然日就减少。及子女产生，浪漫的成分，因为性爱半为母爱篡夺，自又须经一度的减削。这都是极自然的事，无足为怪的。已婚的青年男女，切心于浪漫的生活，以为婚姻到此，便已推车撞壁，无法维持，或竟惑于“无恋爱即为不道德之说”，以为不宜再事维持，从而作离婚的提议，那真是大错特错。

（四）以真正的恋爱为绝对不宜有条件的论调，也是数见不鲜的。但这又是一个错误。恋爱是绝对不会没有条件的，世界上没有没有条件的行为举措。一个男子娶上一个奇丑的女子，爱好逾恒，人家总以为这个男子至少是不讲“美”的条件了，然而我们又安知他不犯了“情人眼里出西施”的通病，“西施”就是条件，旁观者不承认，不接受，讲起金钱来，这位闺阁千金可以说是不讲条件了；但穷书生自有他的志气，有他的毅力，有他的聪明，得了小姐的资助，尤其是得了小姐的爱力的鼓励，三年之后，上京考试，可以金榜题名，荣归故里，难道志气、毅力、聪明和未来可能的成功，不是条件么？不是条件是什么？所以我们说，恋爱不会没有条件，条件却有虚实高下。我们要青年多讲一些实在的高尚的条件，不要他们不讲条件，不讲实际上也是不行的。

（五）许多青年一面说恋爱不宜有条件，一面却说婚姻不宜没有条件，这个条件就是恋爱。但是他们又错了。恋爱不能成为一种条件，恋爱是一种生理与心理的状态，心理学家所谓organic state。这个状态，上文已经说过，却不能不靠条件产生，品貌呀、才干呀、金钱呀、衣服呀，似乎都是可以唤起恋爱的条件。恋爱之为状况是很主观的，条件应该是客观的事物，今不靠客观的真条件以为婚姻选择的根据，而以主观的假条件做婚姻裁可的标准，其结果非闹到焦头烂额不止。婚姻原是一件富有感情成分的行为，要他完全去掉主观的蒙蔽是不可能的，尤其是要是这种行为已在进行之中。但是凡属从事于青年问题的人应当相机行事，在可能的范围以内，多多地灌输一些客观的见地，在脑筋明白的青年，也自然会体会容纳。至于应有的客观的婚姻选择条件是什么，我以前在拙著《中国之家庭问题》里有过很详细的讨论，恕不在此多赘了。

吴耀宗先生在本刊《华年》第二卷第三十九期上写了一篇《时代变革中的婚姻、恋爱与性道德》。我对于他的见解，大都可以赞成；但是对于他把恋爱当做条件之一的那一点，却不敢苟同。我始终以为恋爱是一种状态，不是一种条件。

（原载《优生月刊》1932 年 2 月 15 日，第 2 卷第 2 期
修订后载《华年》1933 年 10 月 14 日，第 2 卷第 41 期）

漫谈拳术与体育

吴志青先生送了我一本他所著的《太极正宗和太极正宗诠真》，并且希望我说一些感想。吴先生是一位国术家。太极拳是国术中重要拳术的一种，吴先生要我在这题目上发表意见，真可以说是“问道于盲”了，而与其说问道于盲，不如说问道于跛，虽不典切，于事实更较恰当。盲与跛一样的步履艰难，因而古代有盲跛相助的寓言，所以就行路说，问盲问跛，其为不得要领，也是一样的；二者正不妨通用；不过就拳术说，盲者未尝不可以学习，而体验到其中的妙用，而跛者却根本没有资格，何况当前的跛又远不止寻常所了解的跛呢？无论如何，在此种场合里，说问道于跛比问道于盲要更较贴切。

吴先生这样的不择人而问，可能是因为他联想到了太史公的“孙子膑脚，兵法修列”两句话，不过是吴先生错了。一则我虽爱尚友古人，我何敢望孙子的项背；再则无论今之战略家如何崇拜孙子，把他的兵法读得烂熟，动不动就要征引几句，我却至今还没有好好的读过；三则吴先生应该记得，孙子修列兵法，虽在膑脚之后，其运用兵法，则在膑脚之先，用得来，才写得出，用得精，才写得好，又怎样可以和我相比呢？我不妨告诉吴先生，我以前和这题目唯一的因缘是叫名学过八段锦，但究竟是怎样一个八段，如今脑子里连影子都没有。

不过有一两点感想我不妨提出。吴先生在《诠真》里说："各国有各国之国民特性及流行之运动方法，故东西各国编订军式操典及各项运动规则，无不合乎其本国之国民性及其国民体魄之要求为原则。我国之国术即适合于我国国民性及国民体魄之锻炼体格之方法也。"我以为这话在原则上是很对的。我以前也有机会说到过这一层："西洋的体育需要西洋民族的体格来配合，换言之，近代西洋式的体育是因西洋民族体格的需要而演变出来的。再换言之，要实践西洋式的体育训练，特别是西洋式的个人与团体运动，是必须有些特殊的先天的条件的。在中国民族里，具备这种条件的分子怕不多。在广东与东三省等处，因为历代移民的关系，这种分子比较地不太少，在内地就很稀罕了。此外，大多数的民族分子，于日常因生活需要而从事的体力活动而外，大都根本不感觉到什么有规定的运动的需要。以前，特别是在北方，有一部分人喜欢弄弄拳棒，做些所谓软功的运动，那显然又是一路，所配合的别是一种体格。因为有这种情形，所以历年提倡西洋式的体育和运动的成绩，事实上是极有限的。许多原先当过西洋式的运动家的人，实际上的健康，不一定比别人好；他们离开学校以后，往往很容易把运动的习惯放弃，虽说中国的环境不同，设备太差，但若体格上真有需要，真想配合，他们便该是改造环境与增加设备的一些人。如今事实既不如此，可见青年时代的一些成绩，还是属于一时兴到的结果、一些浮光掠影的活动。"

新式的体育家很不赞成我这几句话，但截至目前为止，我还没有觉得有修正或撤销的必要。读者应该已经了解，我在这里对于中西体育方式的优劣，并没有下什么判断；也并没有说到，西洋式的体育一定没有前途；目前体格上适用西式体育的人虽少，安知将来不会加多？我只说，就目前大多数民族分子的体格言之，似乎是不大配合罢了。

据说从前李鸿章在广东有一个笑话。他看见外国人比球，好像是网球，打的人气喘呼呼，看的人眉飞色舞，他回头问他的随员说："外国人在这里卖艺么？要不是卖艺，为什么这样的卖气力？"这笑话有无事实根据，我不得而知，但十足表示一般中国人对于西式运动的很有意义的一部分的反应，就是：气力不是要寻常练习与使用的，而是要卖的，即体育本身不是目的，连锻炼身体，活动筋骨，表白自我，也不成其为目的，而是别有目的，如同社会的风头主义或经济的糊口主义之类。这当然是可笑，但我相信，即在数十年后的今日，作李鸿章看法的人还不在少数。

上文只是社会心理和西式体育格格不入的一些观察。这心理是可因教育而改变的，可能的已经改变不少，也可能的有一些民族性的根据，要彻底与普遍地改变是不容易的。不过更关重要的终究是一般中国人的体格。用刚柔的话来说，西洋民族的体格偏向刚的一端，而中国民族则偏向柔的一端。换一种表面上好像是更科学化而事实上是一样的说法是，西洋体格积极的位育性强，而中国体格则消极的位育性大。我一向喜欢用一种实物来比喻这种柔性的体格，就是牛皮糖，以至于南京名产水牛皮糖，要看柔的程度而定。而和此种体格相配合的性情，我一向又喜欢比做温炖汤。柔性的体格与性情，如果需要锻炼与培养，比较更相宜的显然是中国固有的柔性的拳术，而不是西洋比较刚性的各式运动了。柔性的体格与柔性的体育方式之间，显然有它们的因果关系，但大抵体格是因，体育方式是果，而不是一个互为因果之局。因为，就在已往，柔术一类的体育方式也很不普遍，绝大多数的人是不讲求任何方式的体育的。至于刚柔两性孰优孰劣，我在这里也并没有做比较，下判断。如果大家认为最好的一种体格应该是刚柔并用、宽猛相济的，而和它配合的体育方法也应该如此，则今后中国体育发展的方向，便不应该是一味提倡国术或一味提倡西式体育，而是两者之间的截长补短。如果提倡有方，前途可能演变出一些兼中西之长的体育方式来，亦未可知。

我虽不懂得拳术，但把《太极正宗》的理论阅读一过之后，仿佛也能欣赏到其中的一小部分。一是内外之分，也可以说是全部与局部之分。这部分的理论说："太极拳之练法，以躯干腰腹为主，推动四肢，演成架势，由无形进于有形。按之外家拳，则先以四肢为主，推动上下相应之运动，系由有形进于无形。此乃外家拳与内家拳之区别。"看来西洋的各式运动，恐怕都是近乎外家的一路，至于是不是更由外入内，由有形进于无形，我就不得而知了。不过，我们一面观察人家打太极拳，一面又观察近代运动场上的各式活动，时常有一个感觉，就是，拳术是运用全身的；而西式体育，除了柔软体操一类的方式而外，似乎仅仅地练习身体的每一部分，甚或只是每一部分的肌肉韧带而止。此种局部练习的影响与功效大概是不会自外入内的。

这就引进到耐人思考的又一点理论，就是力与劲的分别。这部分的理论说：“各种运动方法，有仅为人体局部之动作，亦有为人体全部之动作；局部者即单力之表现，全部者为合力之表现。太极拳即为后一种，其每一动作皆由曲线、弧形、波浪及螺旋形等四种形态协合而成，亦即心身内外各机构所有力量一致集中于腹部。运动此项合力，拳术家名之曰劲。盖劲之力量，无形无迹，全以心思意识为主宰。人于心绪紧张、心理发生非常形态之时，每有超越寻常之力量；太极拳即能锻炼此种无意识之力，使其成为有意识之劲，即使此种潜藏之力量得以受理智之驯服，亦即使思想神经控制运动神经是也。”此段理论，我虽无法体验，亦觉得很有几分意义。凡是学习太极拳的人是否真能把无意识的潜力化为有意识的动能或劲，我不得而知；不过，此种潜力往往极大，有非寻常意料所及，是我们所熟知的。邻家失火，孝子会把父亲的灵柩独自抢救出来；尼庵失火，一个弱小的尼姑会把几百斤的一尊玉佛抱出庵外。而事后要把棺材、佛像再搬回去，却非几人或几十人的力量办不了。这是以前当真有过的故事。以理推之，一种良好的体育方法应当可以教这种潜藏而无意识的力量，在有意识的状态之下表现出来。

最后我还要提到一点，就是西洋的体育近来也有一些新的发展，而此种发展所采取的途径，可能和上文讨论的内容相当接近，我说可能，因为我还没有能直接读到关于这些新发展的著作，而只是间接地看到一些简单的介绍，美国体育学家亚历山大

（F.M.Alexander）先后发表过三本书，叫做《人的无上的遗传》《创造性的自觉的控制》和《自我的运用》，专门申说他所发明的体育理论体系和它的实践的方法与技术。哲学家杜威很器重他，特地替他作序，每本都有一篇。英国文学家赫胥黎也认为他的理论与方法极有价值，故在他的教育的讨论里特别介绍到他，作为全文的煞尾。上文说到我们对于体育如果提倡有方，前途可能演变出一些兼具中西之长的体育方式来，此种方式势必更较通达，并能以全身而不以局部的肢体为对象，更趋向于刚柔相济，外内一致，和劲力并用的一种局面——由此看来，是很有几分希望的。

吴先生问道于跛，这一番的漫谈可能地连立脚点都有问题，遑论站得住站不住了；不过，这样算是答复了吴先生的一番雅意。

（选自《自由论坛周刊》1944 年 12 月 10 日第 11 期）

纪念孔子与做人

二十年来的孔子，和二十年来的中国一样，地位很不稳定。记得民国最初成立的时候，有一部分人很拥护他，甚而至于想把他的教训立为国教。同时也发起种种组织，例如孔教会与孔教青年会之类，真想把孔子之教，像宗教一般地宣扬光大起来。但这种活动却不大受人理会。大多数的人总觉得孔子已经是一个过去的人物，是另一个时代与文化背景的产物，他的教训，无论在那时候怎样的好，到现在当然不很适用；不适用而勉强地替它宣传，不是徒劳无功，便是引出许多矫揉造作的行为来。还有少数的一部分人更进一步地认为中国今日的积弱，推原祸始，却是孔子的错误。要是以前开罪于孔子的人是名教的罪人，那么，他们以为，孔子便是中国民族文化的罪人，所以应该打倒。这种主张打倒的人又可以分做两派，一派是明火执仗的，一派是冷讥热嘲的。他们言谈之间，总是孔二先生长，孔二先生短。这好几种人，当然没有一种对于孔子的地位是有利的。后面两三种人不用说，就是第一种，像《孔门理财学》的作者之流，也可以教孔子受宠若惊，望而却步。

经过这二十年的风雨飘摇的经验之后，孔子的地位近来似乎又有转趋稳定的倾向。照前几年的形势，全民族的模范人物，除了孙中山先生以外，几乎加上了一位耶稣。要是那个现在在北京做寓公的将军不失势的话，耶稣也许得把这第一把交椅让给老子。再照一二年来各种法会盛极一时的情形而论，又像宗喀巴快要从西、青入主中国本部，做各大模范人物的盟主。不想在这个模范人物互争雄长的时候，中央政府第一二三次会议竟会把八月二十七日的孔子诞辰定为一个“国定纪念日”，并且还颁布了好几条的纪念的办法。所以我们说，孔子的地位有重臻稳固的趋势，不过在孔子自己看来，经过了多少年的不瞅不睬以及冷讥热讽之后，突然接到此种待遇，怕也必有些惊疑莫定咧！

一个民族不能没有模范的人物，这是谁都不怀疑的。不过我们对于一个模范人物，究应发生一种什么关系，却是一个值得考虑的问题。把他奉做一个神明，高高在上的，可仰望而不可几及，当然是不妥当的。以前为了“孔教”的建立而奔走于国会之门的人，便犯了这个毛病。只是到了他诞生的日子，一年一度的举行一种纪念的形式，也似乎没有多大的意义。只是纪念的形式，不要说一年一度没有用处，就是一星期一次也未见得会发生什么效力。

要教一个模范人物在今日的社会生活里发生效力，只有两条狭路可走。一是明白了解他的教训，二是效法他的个人的生活。智力在中上的人这两条路都得走，不在中上的至少也得被引导了走上第二条路。我们一面承认一个人的思想和见解往往受时代与环境的支配，但同时我们也承认这其间也有比较能超越环境与比较能不受时代限制的部分。我们一面承认人生的经验随不同的时地的影响而变迁，但同时我们也承认在变迁之中，也有比较不变迁者在。一个模范人物之所以能为模范人物，历久而不失他的地位，就是因为他比别人更能代表这种比较不变的经验，也就是因为他的思想与见解能够超越一时代一地域的限制。我们要了解的就是这些超越与不受限制的部分。一个模范人物也是一个对人、对己、对天地万物都比较能够有一个交代的人。换言之，就是他在宇宙之中，在社会生活里面，在自己的种种欲望之间，都有一个比较能周旋中矩的方法，都能够“位育”，能“无人而不自得”。话再换回来说，就是都有交代。一个人在生活的各方面，要有交代不难，要都有交代却不易。我们把古今中外的圣哲比较一下以后，就不能不承认孔子的思想确乎有颠扑不破的地方，孔子的个人的生活，确是一种对各方面都有交代的生活。所以他的模范人物的地位，我们也是不难承认的。

孔子的思想的最大的特点，是拿人做一切的重心。他要一个囫囵的人。这个人对宇宙万物，一面自己要假定一些地位，一面却也不宜把这地位假定得太大。太没有地位了，自然生活不能维持，例如宗教文明或物质文明太发达的国家；地位太大了，把形上形下两界可以福利人生的事物都置之度外，生活也必至于一天比一天逼窄，例如两千年来中国的文化。对一个囫囵的人，个人主义与社会主义的争论是不会有的，“群己权界”议论是大可不必的，因为他没有承认社会生活是一个静的物件，他只承认社会生活是一个动的过程，所谓格、致、正、诚、修、齐、治、平，就是这个过程的由近及远由小及大的八个阶段。这个囫囵的人，又充分地承认他是一种生物，有他的情欲，应付这些情欲的原则是一个节字，不是放字，也不是禁字。假若一种情欲的表示可以影响到第二人的福利，这节字就可以有“发乎情，止乎义”六个字的注解。这些都是就一个囫囵的人在一时代的空间以内的关系而言，假若就时间方面的关系而论，他一面尊重前人和前人所遗留下来的经验的精粹，引为自己生活的一部分；一面又缅怀未来的人，想把这些精粹连同他自己的贡献一并交付给他们。这样一个囫囵的人，才真正是一个人，他同时是家属的一员，社会的一分子，公民、党员、专家，但最要紧的他是一个人。目前最大的弊病是我们只有这些在各方面活动的分子，而没有人。

孔子就是要教我们做一个人，做人而有余力，再向各方面做活动的分子去。例如做一个专家吧，一个人总得先做了人，然后再做专家；人是主体，专家是副体。说到这一点，我们对于最近邵元冲氏在中央纪念周所报告的说话，就不敢苟同了。他说：“只求各人各向自己本业方面或专长的部门内，尽量发挥其力量，为国效劳，民族复兴之道，即在于此。”是么？要是的话，欧美日本各民族该没有什么问题了，然而它们问题之多，正不亚于我。它们的毛病，以至于世界的毛病，正坐只有专家，只有国民……而没有人。

孔子不但有这种做人的教训，他自己就是这样一个人。所以于了解他的教训以外，我们更有仿效他的生活的必要。读者骤然看见“仿效”两个字，也许不免失笑，以为近代的教育最重自动的创造，却忌被动的模仿。不错，近代的教育确有这样一个绝大的错误。提倡了这几十年的新教育，我还没有看见过完全创造的新行为，完全不受榜样所支配的新动作。就是那几位教育家的“自动创造”之论，据我所知，也是拾的外国人的牙慧！我始终以为教育生活当前最大的问题，还是一个榜样的问题；教育行政以至于其他政治工作最大的任务，是拿榜样出来给大家看。有了好榜样，学像了好榜样以后，再谈“自动创造”不迟！

（选自《华年》1934 年 8 月 25 日第 3 卷第 34 期）

说乡土教育

近代教育下的青年，对于纵横上下多少万年的历史，不难取得一知半解；而于大学青年，对于这全部历史与环境里的某些部分，可能还了解得相当详细，前途如果成一个专家的话，他可能知道得比谁都彻底。但我们如果问他，人是什么一回事，他自己又是怎样的一个人，他的家世来历如何，他的高曾祖父母以至于母党的前辈，是些什么人，他从小生长的家乡最初是怎样开拓的，后来有些什么重要的变迁，出过什么重要的人才，对一省一国有过什么文化上的贡献，本乡的地形地质如何，山川的脉络如何，有何名胜古迹，有何特别的自然或人工的产物——他可以瞠目咋舌不知所对。我曾经向不少的青年提出过这一类的问题，真正答复得有些要领的可以说十无一二，这不是很奇特么？个人家世除外后，其余的问题都属于所谓乡土教育的范围。

乡土教育可以有许多很显明的贡献。第一点贡献是从本末宾主的原则来的，良好的公民要由教育产生，但目前流行的教育，即使办得极好，所能造成的公民是多少有些不着边际的，没有重心的，“满天飞”的，找不到据点或支点的。因此，教育虽在他身上培植出一份力量，那力量不是无从施展，便是零星浪费，至多也不过是蜂拥麇集在少数区处，例如若干大都会，造成了历年来都鄙与城乡之间那种头重脚轻的不健全的形势。一部分古代的眼光认为这形势是对的，据说这是一种“强本弱末”之计，不但加以欢迎，并且还要运用了政治力量强制的促其实现，例如汉代几次的把豪强富户移徙到京师和附近的陵寝地带。但近代的需要不同了。民主政治的基本看法之一应该是民是本，政府是末；地方是本，中央是末；而就中国比较特殊的情况说，我们还不妨添上乡村是本，市是末；农是本，工商终究是末。

第二种贡献是乡土教育比较的最脚踏实地，正因为乡土教材的性质最是脚踏实地。近代教育最注重科学方法，凡事要青年学子躬自观察，躬自体验，在自然科学一方面，这种观察与实验的一般的机会当然是有的。但在史地一方面，特别是比较狭义的史地，其注意所及既始终是一般的，即不是通国的，就是世界的，其所用的题材势必是十之八九限于现成的书本与图表，而躬自观察与体验的机会十不一二。中国教育一向专重书本，至今青年“读死书，死读书，读书死”的依然大有人在；在自然科学教材与教法尚未能充实的今日，要改革此种习惯，我认为最良好与现成的途径是中小学时代充分注意到乡土的史地教材与教法。

从对于乡土的认识，我们就进到对于乡土的爱好，这便是第三点贡献。中国人对于乡土，是一向具有极大的同情的，所谓桑梓之情或枌榆之情的即是。大约除了家庭戚鄙的爱好而外，乡土之爱，在中国人的情绪生活里，要占到第一位。这原是很自然的。我们的问题决不在此种爱好的太少，而在太多，与太滥，太不分皂白，而其原因正是认识不够，或不够客观；不够客观的认识所产生的爱好必然是盲目的，是感伤主义的，和母亲的溺爱，与情人眼里的出西施，属于同一范畴。这种盲目的爱好在社会生活上曾经发生许多不良好的影响，在政治上造成不少的弊病，在推行法治时成为有力的障碍，是谁都知道的。而凡百弊病的症结所在，总不外一个私字。如今要在这方面“八厶为公”，除了适当的乡土教育而外，我认为没有第二条路。乡土教育教每一个对自己的乡土有客观的认识以后，能够进而和别人的乡土作客观的比较以后，他的爱好也就容易成为有条件的、有制裁的、有分寸的，而不是一味的盲目的了。《诗经》上说，“惟桑与梓，必恭敬止”，具有恭敬的态度的爱好是有距离的爱好，是能明能远的爱好。乡土教育所要栽培的就是这种情绪。

一个人有了这样的情绪，他才不至于轻去其乡，这又是乡土教育的第四点贡献了。无论就任何人的故乡说起，值得留恋的地方正多，问题是在他的童年与青年时代，我们没有把家乡情形，包括广狭义的史地在内，充分地介绍给他，让他观察、鉴赏，让他留下一个深刻的印象，觉得前途值得继续观察研究的是些什么现象，值得维持兴革的是些什么事业，值得探讨解决的又是些什么问题，这又是回到乡土教育的话了。如今乡土教育既不存在，则此种印象无从取得。及其为就学就业而暂时寄寓地方，他对于家乡的问题事物，也就不会再有心存目想的机缘，家乡对他也再无吸引的能力。约言之，就地方福利而论，地方中小学不能运用乡土教材的结果，是断送了人才，驱逐了人才，决不是造就了人才，保养了人才。此种忘本而不健全的教育愈发达，则驱逐出境的人才越多，而地方的秩序与福利愈不堪问。

所以这就是我们的结论了：要纠正目前头重脚轻、末强本弱的大病，而企求每一个国民得所位育，地方得所位育，以至于通国得所位育，很大的一部分的工作应从乡土教育入手。

（本文节选自《政学罪言》，观察社 1948 年版）

人文学科必须东山再起

人文学科，包含文学、哲学、历史一类的科目在内，而比较广义的文学可以赅括音乐艺术，比较广义的哲学可以赅括宗教，合而言之，是一个人生经验的总纪录。这纪录可能是很杂乱，也很有一些错误，但因为累积得多且久，代表着人类有文字以来不知多少千万人的阅历，杂乱之中也确乎有些条理，错误之中也有不少的真知灼见，足供后人生活的参考。人文学科所能给我们就是这生活上的一些条理规律，一些真知灼见，约言之，就是生活上已经证明为比较有效的一些常经。说前人的阅历中全无条理，全无真知灼见，全无效验，当然是不通的，因为如果完全没有这些，人类的生命怕早就已经寂灭，不会维持到今日。人类可能会寂灭的恐惧，倒是近代科学昌明以后才发生的事。

分而言之，文学艺术以至于宗教所给我们的经验是属于情绪生活一方面的，即多少可以使我们领会，前人对于环境中的事物，情绪上有过一些什么实际的反应，对于喜怒哀乐的触发作过一番什么有效的控制。艺术作品之所以为伟大，文学纪录之所以为真实，全都因为一个原则，就是孟子所说的“得我心之所同然”。我心也者，指的当然是后来一切读者与赏鉴者的心。用现代的话来说，就是它们有力量打动我们共同的心弦，有力量搔着基本人性的痒性，打动与搔着得越多，它们就越见得富有实验性，越见得伟大；李杜的诗歌，莎士比亚的剧本，贝多芬的乐曲……可以百读不厌，不因时代地域的不同而贬落它们的价值，原因就在此了。说到我心之所同然，或共同的心弦，或基本的人性，就等于说，有了这一类文物上的凭借，后来的人，无论在别的生活方面如何的大异其趣，各不相谋，至少在最较根本的情绪生活上，可以相会，可以交通，而相会与交通即是偏蔽的反面；根本上有了会合交通的保障，其他枝节上的偏激与参商也就不碍事了。

哲学与历史的功效也复如此，所不同的是，哲学所关注的是理智与思想生活，而历史关注的是事业生活；前人的经验里，究属想到了些什么，知道了些什么，以及有过什么行为，什么成就，思想有何绳墨，行事有何准则，撇开了哲学与历史，后人是无法问津的。历史可以供给行事的准则，小之如个人的休戚，大之如国家民族的兴衰，都可以就前人经验里节取一些事例，作为参考，前人“以古为鉴”的说法无非是这个意思，近人也有“历史的镜子”的名词。有了这样一面镜子，再大没有的镜子，而每一个人，每一个时代的社会，懂得如何利用这镜子，来整饬其衣冠，纠正其瞻视，解蔽的工具岂不是又多了一件？这镜子虽大，可能不太完整，不够明晰；但此外我们正复找不到第二面。近代的心理、伦理、社会、政治一类和行为问题有关的学问到如今并没有能提供什么实际的标准，教我们于遵循之后，定能长维康乐，避免危亡；即使有一些细节目的贡献，也往往得诸历史的归纳。心理学家讲个人的智力，时常用到的一个定义是，利用经验的能力，即再度尝试时不再错误的能力，或见别人尝试时发生过错误，而自己尝试时知如何避免错误的能力；这便是历史的意识，也就是历史的效用了。荀子说到："古为蔽，今为蔽。"食古不化、或专讲现实、或一味希冀未来的人，其所以为蔽者不同，其为缺乏历史的意识、不识历史的功用、不足以语于有效力的智慧，则一。

自然科学昌明以后，我们早就有了一个"宇宙一体"的理想，不仅是理想，并且已经成为有事实衬托的概念。不过这概念对于人事的改善，关系并不贴切。

自社会科学渐趋发达以后，又值两次世界大战的创痛之余，我们又有了一个"世界一家"的理想。这是和人事有密切关系的。不过这还是一个理想，观成尚须极大的努力，并且还有待于另一个相为经纬的理想的提出，交织成文，方能收效。

"世界一家"的理想只是平面的，只顾到一时代中人与人群与群的关系的促进。平面也就是横断面，没有顾到它的渊源，它的来龙去脉，是没有生命、没有活力的。没有经，只有纬，便不成其为组织。如果当代的世界好比纬，则所谓经势必是人类全部的经验了；人类所能共通的情意知行，各民族所已累积流播的文化精华，全都是这经验的一部分；必须此种经验得到充分的观摩攻错，进而互相调剂，更进而脉络相贯，气液相通，那"一家"的理想才算有了滋长与繁荣的张本。不过要做到这些，我们似乎应该再提出一个理想，就是"人文一史"。目前已经发轫的国际文化合作可以说是达成这理想的第一步。仅仅为了做到这第一步，为了要有合作的心情、合作的材料，我们就不由得不想到人文学科，而谋取它们的东山再起了。

（本文节选自《政学罪言》，观察社 1948 年版）

二

最难不过求得一心安

铁螺山房记

十五年来，余读书之斋凡四易名。居沪渎时曰“胜残补阙斋”，一多兄曾为制一石章。曰胜残者，盖与寻常胜残去杀之义有殊，识余者知余幼有孙子之厄，固已知其为假借而曲谅之。及居北平清华园，斋外手植匏瓜有连理者，当是二花并蒂而生，岘济兄言亿兆次中或不得一遇，洵属罕见，因续取名曰“胡卢连理之斋”，并拜恳舅父信卿先生为手书制额。比播迁滇南，卜居省垣之青莲坡学士巷，屋舍第三层为一阁，高出馀屋，东背华山，西临翠海，晴朗之日，可远眺西山之一角，北登坡顶，别为一坡曰逼死坡，相传为吴三桂弑明永历帝处，坡角有小院落，则钱南园先生之祠堂也。阁四面皆窗，可敞开，云影湖光，所揽独多，避地得此，讵为佳遇。偶忆《华严经》有“光云四照常圆满”之语，因即名之曰“四照阁”，而光与云二字又适为余与室人之名之各半，颇亦巧合。逮战事益亟，空袭渐多，复移居西北郊龙院村之大河埂，前有山曰铁峰坳，相去可四五里，后有螺蛳峰，则近在眉睫，石脉自下而上，作层圈状，亦作螺旋状，客远道走访，或不识路，以此为标的，必无误；又其后之三华峰，则霞客翁之游屐所尝践履者也。僦居之顷，余即欲易斋名曰“铁螺山房”，然而未遑也。

既而运成兄数因避空袭挈眷来游．乐其地之清旷，构屋三楹，以其一邀余分享，谓可权作书斋之用，余奋然起曰，铁螺之名，由此可成定局矣！鳞介中西方有名“隐士蟹”者，初与常蟹不异，及长，必觅一螺壳为寄居之所，既而其尾部亦拳曲如螺，从此因缘固结，久假不归。清人采蘅子《虫鸣漫录》言其友冯仲新“在定风时，偶入市，买一海螺，归以咸水豢之：螺壳开，露其体，作半蟹形”；按即此物。夫人生天地间，一大寄居之局面耳；军兴以还，避地南徼，去乡万里，是第二等之寄居也；居人之屋而付以代价，是第三等之寄居也；居人之屋而不酬值，鸠占鹊巢而恬不自怪，是第四等之寄居而迹近寄生现象者也！余之寄生若隐士蟹者，事实也，名我斋曰“铁螺山房”而又为之记者，自文之词也；知其非是，又从而为之词，是圣门所深疾者也。姑书此示运成兄，以博一粲，并聊以求余心之所安。

（1941 年 6 月 14 日）

一棵樟树

二月二十三日的《字林西报》登着一篇很有趣的台州通信。通信中讲起了一棵樟树的故事。大约二十八年以前，台州有人买了一块地，地上长着一棵樟树。原主人卖地的时候，也把这棵树卖了，另外取到了一笔代价。最近忽然发现这棵树是不能出卖的，至少原主人并没有这个权；原来三十年前他的父亲买进这块地的时候，曾经立下一个愿，也可以说是一个遗嘱：无论如何这棵树是不能卖的，也不能砍的，要永远留做列祖列宗的灵魂所由寄寓的一个存在；而祖宗有此依凭，也就可以永保一乡一族的福寿康宁了。那老人家当时把这个遗嘱写了下来，请知县老爷盖了印，存放在县衙门里。

但是这次买进这块地和树的新主人完全不知道这些委曲。在几个星期以前，他们把这棵树卖给一个商人，他想把它砍下来，提取了樟脑出卖。他付了树价之后，就雇工动手把它砍下。正在动手的当儿，原地主的族人得到了消息，大家赶到把斧头抢下；同时通知知县衙门，将五十八年前立下的遗嘱起了出来，送给新地主阅看，并且要求一个解释。新地主当然以不知前情对。在场的官员人等也自然不把这件事看做如何重要，以为把树价还了便可了事。但旧地主族中的一二老辈以为这未免也太从轻发落了；树虽然还没有砍下，但根须已被无情的斧子砍去茎儿；这一二族人所以就主张罚那个商人出几块钱，作祭神谢罪之用。更有人以为这还是太便宜了他，主张把他捉来，把他吊死在树上；因为据他们说，树的卖买成交的那天晚上，村里便有一个女人生病，发热头痛，显而易见是祖灵受了惊动的报应。但那个商人早就溜之大吉了。

最后的结果，这棵樟树自然归还了原地主，原地主也把当初的价钱退了。县衙门方面又立下一张新的约书，永远保障樟树的长生和祖神的依凭保佑于不替。

这一段故事，可以有两种看法。在《字林西报》的通信员看来，一定觉得异常可笑；一棵樟树，及值得如此小题大做，中国人的冥顽不灵、迷信神权，真是不可及了。这看法我们不能否认。但好比西洋谚语里的那块盾牌一般，我们还可以有第二种的看法。中国人之思想里，有一个很基本的观念，叫做“本”的观念。“万物本乎天，人本乎祖”，是中国人的宇宙哲学。“君子务本，本立而道生，孝悌也者，其为人之本欤？”是中国人的人生哲学，此种观念的流传极遍。在受教育的上流与中流阶级里无论了，就在比较不受教育的工农阶级也大都能抓住这个观念不放。“根深者叶茂，源远者流长”，可以说是一切阶级里所共通的一种信仰。这种信仰，在上流阶级则寄寓在谱牒一类的文献和家祠一类的制度里，在工农阶级，则大率寄寓在名字和平日粗浅的宗教信仰里。关于名字一方面，编者曾在《优生学的应用》一文（《申报月刊》，一卷一期）里加以讨论。至于平日粗浅的信仰，这一棵台州的樟树，便是再好没有的一例了。

那位习于西洋神本思想或物本思想的通信记者又怎能了解这些委曲？

（原载《自由言论》1933 年 3 月 1 日，第 1 卷第 3 期
修订后载《华年》1933 年 3 月 4 日，第 2 卷第 9 期）

主义与幽默

大凡相信一种主义的人，在他的一言一动里，总不容易表现什么幽默；但是他的言动的结果，往往可以产生一种情境，在别人看去，充满着幽默的意味。中国人喜欢和道学先生开玩笑，外国影片里往往把大学教授当做过年的王小二一般看待，原因就在乎此。这其间的理由，我想稍知幽默的心理基础的人，都早就明白，不用我在此多说。主义原是一个狭窄呆板的东西，而人性和人性与境物接触后所发生的行为却是变幻多端，莫测究竟。用了一种呆板褊狭的尺度来量断一种异常流动的事物，结果往往是一个牛头不对马嘴；凡是牛头不对马嘴的情景多少可以引起幽默的反应。

中国人是向来不大会讲主义的。在我们的文化史里，固然也有过一二思想庞杂、派别纷歧的时代，例如春秋战国，那时候也有过不少的思想的领袖紧紧地咬住他们外国人所谓“养驯了的观念”不放，那一种锲而不舍的力量竟和当代那些讲主义的人所表现的一般无二。但是就大体讲来，中国人主义的观念并不深刻，好比他的宗教的观念并不深刻一样。我们的文字里面就很不容易寻出和“主义”有同样意义的一个字或一个名词来。《论语》的主人翁孔二先生和他的门徒们所议论教诲的，似乎一本先民的经验，他们最多只说得一个“经”字，所谓“经常道也”；这似乎是和“主义”最相近似的一种东西了；但是常道之外，又有变道，叫做“权”，可见孔二先生等所想推行的一种尺度并不很呆板、狭窄。

孔二先生门下（私淑的在内）最早谈主义的是孟子。孟子也很会讲经权的道理；他有一段评论子莫的话，最为得体。在这一点上，孟子是无疑地属于孔门的正统了。但是战国时代的混乱要在春秋时代以上，孟子一方面亟求“行道”的机会，一方面又多少不能不为自己的经济问题打算，所以就不能不于经权的大道理外，巧立一些名目，多挂几张招牌，这种名目和招牌我们现在就叫做“主义”。孔二先生讲性近习远，孟子却偏要道性善；孔二先生讲“中人以下不可以语上”，孟子却偏说人皆可以为尧舜。孔二先生讲“上智与下愚不移”，孟子偏要说“苟得其养，无物不长；苟失其养，无物不消”。

孟子最少讲了三种主义，照着上文所引各点的次序而论：一就是性善主义，二是平等主义，三是环境万能主义。自从宣布这三种主义以后，社会思想家的孟子一变而为社会理想和冥想家的孟子，学者的孟子一变而为改造家的孟子，教育家的孟子一变而为宣传家的孟子；而最关紧要的是，富有幽默的孟子，一变而为很不幽默的孟子了。《孟子》这一部书. 从幽默的眼光看去，是很驳杂的，有的地方很能活泼地表示一些幽默，也有地方却教你很快地联想到当今日本的宣传家的方法与口吻；换言之，有时孟子会引你哑然失笑；有时孟子自己变做一个话柄；再换言之，幽默家的孟子一变而为幽默的资料。

孟子的幽默表现得最着力的时候，就是他攻击或讽刺别人的主义的时候。重农主义的许行、兼爱主义的夷子、禁欲主义的陈仲子，甚至于中庸主义的子莫，多少都被他开过玩笑。

但是孟子自己变做幽默的资料的时候也就是他谈他自己的主义或应用他自己的主义的时候。我们不妨举两个例。第一个例，见《告子》章句：

曹交：人皆可以为尧舜，有诸？

孟子：然。

曹交：交闻文王十尺，汤九尺，今交九尺四寸以长，食粟而已，如何则可？

孟子：奚有于是？亦为之而已矣。有人于此，力不能胜一匹雏，则为无力人矣。今日举百钧，则为有力人矣。然则举乌获之任，是亦为乌获而已矣。夫人岂以不胜为患哉？弗为耳。

徐行后长者谓之弟；疾行先长者谓之不弟。夫徐行者，岂人所不能哉？所不为也。尧舜之道，孝弟而已矣。

子服尧之服，诵尧之言，行尧之行，是尧而已矣。子服桀之服，诵桀之言，行桀之行，是桀而已矣。

曹交：交得见于邹君，可以假馆，愿留而受业于门。

孟子：夫道若大路然，岂难知哉？人病不求耳。子归而求之，有余师。

做注疏的先生们说曹交“挟贵而问”，孟子不屑教诲，所以婉言辞却。这在我们看来，当然只好算是替孟子开脱的话。其实孟子自己早就看出这件事吃消不下，真要教一个只会吃饭的大个儿，并且又是一个养尊处优的国君的兄弟，变做一个尧或舜，可不是玩的。

第二个例，见《尽心》章句：

孟子到了滕国，和他的门徒等都寄宿在一家客店的楼上。楼上窗槛上本来有一只没有十分完工的麻鞋，孟子一行人等到了以后，忽然找不到了。于是就有人说闲话：

或人：若是乎从者之廋也！

孟子：子以是为窃屦来与？

或人：殆非也。夫子之设科也，往者不追，来者不拒，苟以是心至，斯受之而已矣。

“夫子之设科也”以下，一说是或人说的，一说应作“夫予之设科也”，是孟子自己说的。但不论是谁说的，孟子在他的教育工作里，确乎想应用他的三大主义，是很明显的（这其间当然还可以有“自行束修以上，未尝无诲”的一个解释）。唯其以为人性皆善、人皆可以做尧舜和教育有无限制的力量，所以“往者不追，来者不拒”，即不追问学生的来历，来一个收一个的意思。换一种说法，孟子是不相信入学考试的。结果怎样？很有希望收上了一两个贼骨头，连没有完工的麻鞋都要偷一偷。若教现代的变态心理学家猜去，孟子也许收上了个把kleptomaniac咧。

（选自《论语》1933 年 3 月 16 日第 13 期）

出家与人家

以前只有两种人，尤其是两种女人：一是出家人，一是在家人。近代社会里又多了一种——无家人。凡从事于一种职业的独身男女，都可以说是无家人，尤其是在盛行所谓小家庭制的西洋。

西洋女子中间，无家的和有家的希望比较最少的，要推电影界和戏曲界的女子。她们和男子的接触极多，论情理应该最容易踏进有家的状态。但事实却并不如此。而其原因正坐与男子的接触太容易、太频数、太多变化。扮演的主角，固然可以弄假成真，由剧中的夫妇一变而为家中的夫妇；但设从此以后双方或一方不改换职业，依然从事于粉墨生涯，则一变而以假作真的，未尝不可再变而因真成假。电影明星有离婚再醮至五六次以上的，正坐此故。这种离婚频数的人，虽尝过有家的滋味，终究只好算是无家的人。

但人性终是人性，能安享无家生活的毕竟要占少数，有成家的机会而甘心放弃的也决不会多。最近好莱坞的消息（6 月 25 日《大陆报》）称：“在那些再醮、三醮甚至于四五醮的明星先锋队后面，还有大队的旧明星正安享着她们的家庭生活。她们证明离婚一事原不是好莱坞中必不可少的一种活动。她们撇脱了抛头露面的生活，来管家、相夫、教子。”这一段消息中间并且引了不少已嫁的明星的经验与关于这种经验的谈话。有一位明星嫁了十三年之后忽再度现身银幕，但她说这是为好教她的子女可以目击与领会她在银幕上的神情。另一位说：“我在嫁后才明白人生真正的价值。”又一位说：“我对于已往的事业虽不无留恋，但我发现做妻子的职业比做戏剧家要伟大；它的工作也比较复杂，以前我只能照管自已一个人，现在却至少要照管两个人了。我乐于做比较复杂的工作。”

但同日《大陆报》载另一消息，说法国某女名伶近忽祝发入空门，并且说有几个当初也做过女伶的尼姑参加她受戒的典礼。粉墨生涯的末流，尝遍了试验性质的人世悲欢离合的况味之后，也未始不可以教人走出家的一条路，尤其是在天主教文化依然很有力的社会像法国社会里。

美国的电影明星由无家而入家，法国的女名伶由无家而出家，一出一入之间，于文化兴衰、风俗良窳、民性常变之理，都有密切的关系，不可不深思明辨。

（选自《华年》1932 年 7 月 16 日第 1 卷第 14 期）

母亲节

5月8日是全世界母亲纪念日，上海各教会的礼拜堂和上海青年会等都有纪念会的举行；沪江大学于先一日举行孝亲大会。中国社会习俗在在模仿欧美，母亲节的仿效自是意中的事。纪念母亲，从今又多了一种方式，自然谁都赞成。不过在这些地方模仿西洋，往往有一层危险，就是大家但知在纪念的日子聚精会神，热闹一顿；而平日之间，不免把母氏养育之恩淡焉若忘，不加措意。中国人是向来极尊敬母道的。以前男子对于妇女的待遇，虽时有不公道之处，而对于母道，不像今日的西洋，始终未存丝毫轻视的意念。唯其不轻视，所以一家子女，对于母亲，大率能生尽其养，死尽其哀，祭尽其礼，而纪念的微意固在有寄寓和表见的机会。唐人“每逢佳节倍思亲”一类的诗句更可以表示在子女远离乡井的时候，平日既不忘父母鞠育之恩，而逢到节气，尤不能恝然于怀。总之，中国对于母氏的情感是一向能培植的；初不待西洋式的鹊桥相会似的节气来踵事增华。在今日的潮流内，一壁严格的小家制既把母氏逐出户庭以外，一壁新家庭内又大都废弃祭祀的个别纪念方式，即生既不能尽养，死又不能尽哀，祭又不能尽礼；而仅仅假手于笼统混同不分张三李四的纪念节，以为微薄的表示，在熟悉民族固有精神的人看来，也未免太嫌舍本逐末、轻实重名了。

在这世界母亲节的当儿，中国人还是用一番心思，把家庭的地盘重新巩固起来，使在生育期内的母亲可以安全生育和教养子女，已出生育期的母亲平日可以得到子女媳婿和孙辈的侍奉，以乐其余年。父亲亦称是。其他都是比较不关紧要的场面事。

（选自《华年》1932 年 5 月 14 日第 1 卷第 5 期）

全无心肝

民众所深痛恶绝的一种人是贪官污吏。我们平日以为一人做了官才贪，做了吏才污。其实并不然。民众中间自有贪污的原料分子，只要有机会，便无往而不可贪污，官与吏也无非是机会的一种罢了。最近广州抗日会调查组主任彭某的包运日货与皖北办赈人员的私卖赈麦两件案子，最足以证明这一点。抗日会调查组的主任，对于日货，宜若较任何人要深痛恶绝了，然而终于不免私运；办赈人员，对于被灾的民众，宜若较任何人能矜恤推爱了，然而终于不免私卖赈麦，间接速灾民的死！彭某现已处极刑，皖北舞弊的事件也正在彻查中，如证据确凿，我们认为舞弊人员亦非一死不足以蔽其辜。

这种全无心肝的人，死不足惜。不过《华年》的读者应作进一步的观察。因坏人伏法而称快，固属常情，但应知一个民族、一个社会、一个文化，可以产生这种全无心肝的人出来，这个民族、社会、文化全般也就不无问题。“全无心肝”的由来，不论其受几许血缘遗传的命定，几许社会制度与文化势力的浸淫，算起总账来，要不能和大众——你和我——没有干系。

判断一事的是非，一人的有罪无罪，该杀该臧，是轻而易举的。推敲这件事这个人所以造成的原因，而对于这种原因加以控制，因而防止这种事这种人的再度产生，才是我们应有的抱负。

（选自《华年》1932 年 6 月 4 日第 1 卷第 8 期）

斯宾诺莎诞生三百年祭

哲学家斯宾诺莎（Baruch Spinoza），生于1632年11月24日，殁于1677年2月21日，上月24日那天恰好是他诞生三百年的生忌。斯氏是近代欧洲思想界最杰出的一个人，是思想解放史里的一大功臣。德国批评家莱辛（Lessing）甚至于说："除了斯宾诺莎的哲学以外，没有别的哲学。"最近爱因斯坦创相对论，抱残守阙的人以为和上帝存在论相冲突，特致电爱氏询问，爱氏说："我相信的上帝，是斯宾诺莎的上帝。"这样的一个人物，不可以不记。

斯宾诺莎生长在荷兰的阿姆斯特丹城。他是一个犹太人。犹太自公历纪元70年被罗马完全占领后，即四散流寓在欧洲各国，饱受基督教徒的轻视与虐待。他的近祖一向流寓在西班牙，后被驱逐到葡萄牙，最后又因宗教与种族的排挤，转徙到荷兰。不用说，他的天资很聪颖；经名师指授后，思想也成熟得早；又因鉴于列祖列宗的因信仰而受虐杀，很早就养成一种为思想与信仰自由挣扎奋斗的宏愿。不过因为他的见地太超越、太在当代的了解之上，他自身也终于于1656年被犹太人从阿姆斯特丹驱逐出来。他很早就不满意于犹太经典中的教训和犹太人传统的行为习惯，但一直要等他的父亲死后，他才略微有所表示。别人从他的语气中不久就探得了他的离经叛道的地位，例如他不信灵魂不灭，不信天使的存在，以为上帝即在自然形气之中等。这些便成为他所以被放逐的证据。

斯氏的遗产很早就让给他的已出嫁的女儿，所以被放逐后，以摩擦镜片为业，所得仅够温饱。但是他对于光学的研究，就在这时候获得。1667年以后，他的朋友和信徒渐多，得到一些强而后受的津贴，生计始比较宽裕，可以多多地从事著述；但为习劳计，磨镜的工作，他始终没有放弃。斯氏身体素弱，又加上历年吸进了不少的玻璃灰末，所以不到四十五岁，他便因肺病而死。

斯氏是近代泛神论的祖师，他以为神就在自然的形气里，唯有它是真实的。世间的事物无往而不是这真实的表现。质有两大方面，一是思想，一是广袤，二者到处共存并行。这便是斯氏的心物并行论。斯氏不止是一个形上学者，更是一个伦理学者，他生平最大的著作，便是一本伦理学，论天道、人性与修养三端，都有特殊的见地。他原是一位理性论者，但是他对于人的七情六欲，有极充分的了解；其讨论的周密，要在任何近古哲学家之上。他是一个严格的命定论者，但他并不否认人是一个精神能力所由散布的中心泉源。

上文是斯氏哲学贡献的大要的大要，未足以表白斯氏于万一。不过在他的全部思想中，有极关紧要的两点，不能不在此提出。一是他的反终极论，二是他的反人类中心论。欧洲传统的思想是认一切事物为有计划有终极的目的的，即人类的生存亦不外是。又认一切存在是以人类为供奉的中心。“天岂为蚊蚋生人、虎狼生肉”的议论在中国虽发现得较早，但在欧洲，则到斯氏才算完全成立。这是斯氏严格的命定论与因果论的一部分。反终极论与反计划论与后来自然科学的发展、反人类中心论与近代社会科学的进步，各有很深切的渊源关系，是显而易见的。

11月21日以后的《大公报·文学副刊》，对于斯氏的生平与学说有很详细的介绍，凡景仰斯氏的读者可以参阅。

（选自《华年》1932年12月3日第1卷第34期）

说海塘

前年长江出险，酿成了绝大的水灾，于是才有万里江堤的修筑。今年黄河出险，灾区之广，与前年长江流域的相伯仲，于是最近有黄河水利委员会的组织，日来正在那儿开会，讨论种种治标治本的方法。江浙两省的海塘，尤其是江苏的海塘，近年来虽也出过险，却因为没有酿成巨大的灾难，至今还没有邀国人和当轴的严重注意。看来真正要大家瞿然惊觉，也先得闹一次大灾，把大上海全市以及附近城镇彻底地冲洗一下才行。两年前大潮汛，海水居然在黄浦滩上过岸，并且还进入各银行的仓库；今年 9 月的 2、3 两日，又这样地来过一次，声势更为凶猛；作者草为此文的时候，窗外风狂雨骤，竟日未停，看来这大灾的日子也已经越逼越近了。

情愿于事后痛定思痛，不情愿于事前绸缪设计，似乎又是国人通病之一。但平心一想，与其痛定思痛以后，依然不免做些补苴罅漏的工作，何如平日稍稍加以注意与努力，也许可以永久免除痛苦的来临。江南的海塘，休戚攸关，虽不过江浙两省，并且不过江浙两省靠长江口与钱塘江口的一带，但是实际的重要，至少不在长江江堤与黄河河堤之下。为什么？江浙向称中国最富庶的区域，而太湖迤东江口迤西迤南之地尤为殷实，是谁都知道的。即就苏省而言，东南沿海十余县，上等肥田六百八十余万亩，中等二百五十多万亩，下田一百六十多万亩，芦田三十余万亩，总共约一千二百多万亩。以每亩每年收获值价十元计算，便是一万二千多万元。最近财政部长宋子文氏向美国接洽了五千万元美国的棉麦借款，大家眼睛里一红，以为这真是一笔大款子；但是据专家核算，如其把装运水脚等项扣去以后，再折成华币，我们真正到手的也不过一万二三千万元之谱。这不刚好就是东南十余县一年田产的收入么？要是海塘的问题长此搁着，无事的时候任潮汐的侵蚀剥削，有事的时候也不过东贴西补，苟安一时，前途总有贴补不住的一天；那其间经济上的损失，至少要与借不到美国的棉麦借款相等，那赈灾与修筑新工程的费用还不在内。这十多县同时也是中国人文的一大渊薮，至于在文化方面的损失，那就更不可以数计了。

海塘的本身是一个工程的问题，非专家不能讨论。最近有一位吴钊先生在《复兴月刊》第二卷第一期里发表了一篇很概括的文章，题目叫做《江南海塘之回顾与展望》，如今我们把它的要点介绍给读者。

所谓江南海塘，上文已经说过，指的是江浙两省的江海塘堤。在江苏境内的，长五百多里，西起常熟，南迤金山，中经太仓、宝山、川沙、南汇、奉贤、松江等县，金山以南，便与浙省平湖的海塘相接。海塘初期的历史，我们已经不大知道。《吴越备史》上说：“吴主皓立霍光庙于金山，其地为昔之盐塘。”似乎至迟三国以前便有塘的兴筑。一说晋内史虞潭修筑沪渎垒，才是海塘真正的开端。唐开元元年，筑捍海塘，起杭州盐官讫吴淞江，长一百五十里；海塘的名字，才初次在历史上发见;《宝山县志》上便把这一次的修筑算作海塘的肇始。南宋的乾道，元至正，明洪武、永乐、成化、嘉靖、崇祯年间，都有增筑。清代也很努力，以宝山一县而论，至少雍正年间，知县胡仁济和道光年间巡抚林则徐两位的功劳是不会埋没的。林则徐巡抚任内的那一次修筑，工程最为浩大。道光十五年六月，飓风大作，宝山境内的海塘坍毁了五千余丈，后来经过了二三年的工夫，花了二十几万两的银子，才次第修筑完竣；当时的章程也订得非常周密。咸、同以后，国家多事，塘务始日渐废弛。清末设江苏水利局，兼营塘务，始稍稍整顿。民国以后，设江南水利局，四年前改为江南塘工事务所，二年前又改为江南海塘常太宝山松江三段工务处，直隶建设厅。上海市成立后，一部分塘务又改归市管，与省方划分。二十年来，组织的改变虽多，机关的名称虽越来越长，但是对于塘工，并没有多大进展，始终只做得一些抢险的工作；虽有计划和预算等，亦形同虚设。至于浙江省境以内的海塘，不但基础要比江苏的好，因为接近省会，历年也随时有人注意，所以比较不成问题。

海塘工程有许多名目也值得介绍的。寻常旧式的海塘，内外往往有好几重。内是土塘，外是石塘，石塘以外便是沙滩。石塘又有护土，衬在后面的叫做“戗土”，上面的叫做“眉土”，外面的叫做“坦坡”。塘以外又有坝，有护滩坝、拦水坝、挑水坝、分水坝等名目，功用都在分杀水势，护卫堤防。石塘和坝的造法也不止一种，有完全用石条的，也有用石块和木桩相间的，相间层次的多少可以因地位险要的程度而增减。新式工程则用钢筋混凝土。至于各县的塘工，除常熟的二千余丈完全为旧式者外，余大都新旧兼有；宝山的总长度是一万三千二百余丈，太仓的是一万一千一百余丈，松江的是一万丈光景。

海塘经费，明以前已不可考，大的不外官府出工料，人民出劳力而已。明代以后始有就地筹款之法。清代始用亩捐，但亦无成法。道光十五年宝山海塘的修理，几乎悉数出自民众的捐输。民七国家预算，曾列江南海塘工费三十万元，后来未成事实。十余年来工费，概由省库支拨，预算额尚不算小，而实拨则不多，如十八年度二十三万元中，实在支付出来的只有三万六千元。只有前年出险的那年，算是拨足了十八万余元。

前年 8 月大风雨，宝、太、常、松四县，以及上海市区的海塘均先后出险，工程上的损失极大，想来读者还都记得。后来亏得风向自东北转为西北，事态才不再扩大，否则苏州以东的区域，不都会变做泽国，和目下的冀省南部、鲁省西部完全一样么？那一次大风雨以后，因为地方人士的呼吁督促，在工程方面，除临时的抢险不计外，总算有过一些比较永久的设施。当时省方与地方人士组织了一个江南塘工善后委员会，但因“一・二八”之变，迁延至去年 6 月以后，始投标开工；9 月中旬，工作始告完竣。当时最低限度的预算本需三百万元，但事实上所能募集的只有八十万元。所以就限八十万元的财力，就特别险要的地段，办了一些所谓“正工”，即比较正式的修葺，而不是临时的抢护。

以上便是江苏省境以内的海塘在去年9月以前的情况。那位吴先生的叙述也就到此为止。到今又是一年了，不但秋汛已经来到，并且9月2日已经出过险。那天宝山境内冲毁的有十处，太仓县境浏河一带也有八九处，上海市区以内的东、西塘也有五处；当时虽曾竭力抢救，暂告无事，但经过今日（9月18日）的飓风以后，正不知又将发生什么变故？就目下省方的财力与一般的政治局面而论，实在是很可以抱悲观的。2日那天飓风的结局，但就宝山一县而论，已有二千七百八十丈八尺的险工须做，这样长的一段治标工程，就最低限度说，已经要五十多万元，但是省方所能拨的只有六万元。要拿这六万元的钱而弥补二千七八百丈的破碎的海塘，只有用麻袋实泥、填塞缺口的一法，即使做到了，不出一月，即无疾风巨浪，便可冲洗一个干净；那六万元不是白白地送掉么？最有趣的是目前江苏省府不但没有钱，并且等于没有人，省府的改组宣传已久，但近始有将见诸实行之说，新组织的人员也似乎都已内定，不久便可发表。海塘的出险，恰巧（恰不巧）在这个当儿，旧的人员亟于去职，经济上既无办法，精神上更无心绪，在到省呼吁的地方人士亦自不能勉强他们负责。新旧组织如能迅速交代，倒也罢了；但据最近的消息，忽又有旧组织暂维现状之说。中国的政局可以因循泄沓半死不活到这种地步，我们除了借此地藏菩萨生朝的当儿默祷江南海塘，在风狂雨骤之中也“暂维现状”以外，还有别的法子么？海塘海塘，你也“暂维现状”吧！

作者是宝山的一位土著，四百年以来，衣斯食斯，聚骨肉于斯，葬祖宗于斯，对于海塘的前途，始终捏着一把冷汗；但也始终以为它的没有办法，和黄河河防一样，原因不在于经济，而在当轴者的但求近功不知远谋。江南海塘如需全部彻底修建，据专家估计，也不过两三千万之谱。历年以来，用在浮慕与支撑门面的所谓建设工作上的又何止几十个二三千万？一所破旧的房子，窗子挡不了风，屋顶遮不住雨，做主人的不但不管，却一意孤行地专在门面上用功夫——无线电要装的，汽车要买的，可以在别人面前炫耀的都要，就不肯做些安分守已、脚踏实地的事——我以为这绝对是败落户乡绅子弟的一种没落的心理表现。

美国来的五千万的棉麦借款，无论汇兑怎样改变，水脚怎样靡费，总值国币一万万元以上吧。我们主张拿三千万出来修筑海塘，再拿差不多的一部分出来整理黄河。借款的最大目的既在复兴农村，应知复兴农村的基本工作，在北方是黄河的疏导，在东南便是海塘的修筑。

（选自《华年》1933 年 9 月 23 日第 2 卷第 38 期）

中国历史的又一看法

约一个月以前，胡适之先生在武汉大学有过一次公开的演讲，题目叫做“中国历史的一个看法”，大旨把中国民族当作一位饱经世变的老英雄，中国文化当作老英雄的功绩，中国的全部历史好比一出可以分做五幕的英雄剧。第一幕是“老英雄建立大帝国”，自商周到秦始皇统一中国为止。第二幕是“老英雄受困两魔王”，上起两汉下迄六朝；所谓两魔王，一是北方游牧民族的南侵，二是印度文化的输入。第三幕叫做“老英雄死里逃生”，包括的时代是隋唐两代，所谓死里逃生是指民族固有文化的复兴。第四幕是“老英雄裹创奋斗”，起五代，讫元末，所与奋斗的便是契丹、金、元几个强有力的外族。最后第五幕是“老英雄病中困斗”，则自明代以至今日，所谓病，指越裹越紧的小脚、越来越呆板的八股、越染越深的鸦片瘾。这篇演讲的全稿见上年 12 月 6 日至 9 日《大公报》，上海各日报都未见登载。

在这篇演讲里，我们认为有很值得注意的两三点。

第一，以英雄比民族，是一种比较新鲜的历史看法。这种看法可以增加一般人阅读历史的兴趣，可以促进一般人对于历史的认识。对于那些看惯各种演义小说的人，尤其对胃口。胡先生以前把文字的工具从文人手里解放出来，公诸一般人的同好；如今他也许更想作进一步的贡献，把民族的文化史，从史学家和史哲学家手里解放出来，好教大多数人可以享受。要是的话，这篇演讲是一个很好的起点了。

第二，胡先生认识清楚中国民族文化是有一个重心的，而这个重心是孔门的人本或人化思想。第一幕里救春秋战国时代文化大病的终究是积极讲做人之道的孔、孟、荀一派；秦代的统一，功在李斯，而李亦不失为荀子的徒弟。第二幕里的佛教所以被称为魔王的缘故，就是因为它的“非人化”的影响，把中国原有的人化精神压迫到一个无可伸展的地步。第三幕里所称的死里逃生，就是指隋唐时代，经过了一番奋斗之后，“人的生活”与“人的文化”的恢复；韩文公“人其人”的主张最足以表现此种不肯含糊的精神。第四幕里也有类似的情形，宋代民族的政治生活虽不免偏安一隅，“而仍能继续人的文化”，范仲淹、司马光、朱熹、二程等，先后不断的奋斗，他们“在破书堆中找到一本一千七百几十个字的《大学》来打倒十二部大佛经，将此书中的‘格物’‘致知’‘正心’‘修身’‘齐家’‘治国’‘平天下’这一套来创造人的教育、新的哲学、新的人生观，这实在是老英雄裹创奋斗中一个壮举”。第五幕里，中国民族已到一个百孔千疮、筋疲力尽的地步，但是在艰难困苦之中，还成就了不少的事业，尤其可以注意的是顾亭林一班朴学大师所建设的“人的学术”。胡先生在全篇演讲里提到人本或人化的地方多至十个以上，他在结论里说：“这老英雄一直到现在仍是在奋斗中，他……建设了人的文化，同化了许多蛮族，平了许多外患，同化了非人的文化，从一千余年前奋斗到如今，实在是不易呀！”

第三，我们可以在这篇演说里看出胡先生近来对于中国文化的态度的变迁。一般人都有一种印象，以为胡先生一向是很贬薄中国文化——尤其是所谓精神文明的。要是这个印象是错误的话，至少这一篇的演说可以给大家一个更正的机会；要是对的，也足征胡先生的勇于迁善，不抹杀武断，不坚持成见。林语堂先生一向喜欢开孔夫子的玩笑，但去年他在牛津大学，居然替孔门的人本思想说了不少的好话；如今好像胡先生也有类似态度上的变迁。胡、林两先生都是青年界所仰望的思想领袖，他们能有此种新认识——对于中国文化重心的新认识——是值得欣喜的。

胡先生这篇演讲中，也有一两点我们认为应修正的。一是老英雄的“老”字不妥，并且事实上也不确；这一点，主张“促民族达成年”的我们，开宗明义，早在第一卷第一期的《华年解》里就叙明白了，在此不必再赘。二是胡先生好像把老英雄看做十分自给自足的，而一切外来的异族很少贡献似的；实则老英雄自有其新陈代谢的作用，而这种作用，一部分便靠异族的血液；老英雄的所以能“死里逃生”“裹创奋斗”“病中困斗”，未尝不是此种血液的转输所赐。有种族学眼光的史家说刘汉、朱明而外，中国历代的开国皇家几无一不为外族人或搀有外族血统的人，实在是一句很切实的话。胡先生把缠足、八股、鸦片看做三大致病之由，我们也不敢赞同。民族要真有病，致病之由必有大于缠足、八股、鸦片等三事者。这一类的问题应当从民族生物方面的演变史中去寻求答案，只是比较浮面的一些社会与文化习惯是万不足以尽其说的。

（选自《华年》1933 年 1 月 14 日第 2 卷第 2 期）

四

那个时代知识分子的精神

两年前的今日

中国野史的笔墨里充满着关于逃难的记载，所逃避的不是荒年，便是兵祸。以前读胡适之先生的父亲钝夫先生自订的年谱稿，发现他这样一个奋发有为的人，生平也只能做两件事，一是修造宗祠，一是携家逃难。自己翻看上代的遗文，也泰半是缕述难中颠连困苦的作品。例如我的曾祖在他的集子里有一首诗，题目便叫做《辛酉腊月二十七日逃难作》，在题目下面又注着："时僦居沪北梅园周宅，于十三日贼骑突至，避之不及，伏古冢旁，见其杀人；至晚，潜至夷场。"

我的曾祖在写这首诗的时候，决不会梦想到整整的七十年以后，在差不多同样的地点，差不多同样的时间，他的子孙会有几乎同样的经验！

我在最近六年以内，搬过三次家，而三次中的两次，却是为了古人所谓避地，就是逃难；一次是从吴淞逃到上海，那年是民国十六年，当国民革命军将来未来之际，人心惶惶，朝不保暮，其实后来并没有什么。第二次是从闸北逃到租界，那就是两年前今日的事了。那时候我是住在麦根路桥北面的恒丰路，离桥有一箭之遥；在从前，这一带似乎都叫做梅园，现在也还有人沿用梅园的称呼，并且至少还有两个明白的标记，一个是那条东西行的梅园路，又一个是我的那所住宅就叫做“梅园别墅”；住宅的背后虽有一些空地，却并没有园景，更没有见半棵梅树，显见是因地得名的了。我并不知道这一带就是我的曾祖和阖家当初暂时住过和后来所从逃难的地方，一直要到两年前，自己有了逃难的经验以后，翻看祖宗遗墨有无损失的时候，才发见这一点空间上的巧合。至于时间上，也似乎碰得很巧。辛酉那年是清咸丰十一年，也是公历1861年；腊月二十七日，算起阳历来，该是1862年的一月底，也许就是二十几；那和1932年的“一·二八”，相去不恰好七十年么？这不用说，自然更是后来才发见的。

两年前1月28日那天和接着二三十天以内的光景，如今回忆起来，还像昨天一般。梅园的地段虽在闸北范围以内，因为偏西，所以当时紧张的空气要比较好一些。我本来不预备移动，各人有各人的惰性，我所有的长物又无非是一些书籍，掉了果然可惜，搬动却也不易。所以除了把一部分的书从架上搬到木箱里以外，事前竟一无准备。到了28日下午，形势突见严重，好几个朋友打电话来，劝我发动，说再迟租界的铁门就要关闭，最后我的大哥又雇了汽车来接我们，我们被催得紧，也只好将信将疑地跟了走；内子和两个小孩第一批走，只带得一只箱子、一个铺盖；我第二批走，只带得一只皮包，中间放着两部家谱，都是没有印本的抄本，一是志摩家里的，一是名画家朱梦庐先生家里的，怕还是朱先生自己的手笔，写得异常工致。这都是我最近借到的，万一遗失，未免太对不起人家，所以在百忙中居然没有忘记。但是等我们第二批出来的时候，麦根路桥的铁门已经关闭，光复路的铁门也已经是半开半掩，等我们的车子挤过以后，便砰地一声关上了。这样，在夜色苍茫中，我们算是避到了我曾祖所说的夷场。我的内弟赵君，最后坐了我的包车出来，就只有退回去，听了一夜轰炸的声音以后，第二天才溜了出来。

因为事前没有准备，所以一家大小只有向亲友家里投奔。民族的逃难的经验虽然丰富，似乎并没有完全把它遗传给我们，所遗传下来的只是一些仓皇失措的神情，而不是一些安排应付的本领；所以除了投奔以外，再也没有长策了。我的母亲，那时候正在一家亲戚家里吃喜酒，倒也不成问题。妻女们则到了姓方的一家朋友家里。我自己呢，碰上那天晚上在女青年协会的年会里有一次演讲，等到讲完以后，才想起今夜的归宿问题。上海像我这个经济阶级的人家，是谁都没有大房子住的，偶然添个把女客和小孩子，也许可以，但男客终究有些不便。客栈呢，听说在两三天以前便已宣告客满。最后不知怎的给我想起了八仙桥新造的青年会，于是便向那里奔去，租定了一个屋子；打听得逃难期内，可以容留眷属，于是立刻到方家把妻女们接了出来。过了几天又把母亲接来同住。

那天晚上，不用说，自然是完全没有睡，一面牵挂着关在闸北的那位内弟和丢弃在那里委诸命运的家，一面也要一看究竟，到底日本人在葫芦里预备放出什么药来。我们住的是八层楼，房间是朝北的，所以要有什么风吹草动，我们总可以望到一点。我在窗口伸长了颈子候着，到了四点钟光景，果然看见一架飞机在租界的上空盘旋，一支电炬，像鸢灯一般的动荡，时明时灭，一望而知是在那里探望。我当时料想，冲突大概是已经开始的了；但说也奇怪，我似乎完全没有听见枪炮的声音。第二天起，当然愈闹愈凶，不久闸北迤东一带，因硫黄弹的作用，就起了大火，不住地烧着。白天但见一些烟雾，觉得靠北的天边模糊不清罢了，到了晚上却是霞光万道，半天照得通红，有时可以看见火焰，像蛇舌般地往上吐着。黩武主义的毒焰，到此际算是真相毕露！

白天我也忙着一些奔走和接头的事，倒也不觉得什么牵挂；到了晚上，别人都勉强入睡了，我却不能。家国安危一类的话不去说它，我一心念着我历年来积聚的一些书籍。我七八年来的收藏虽不算特别多，但心血和金钱，却也花得不少；就中优生与家谱两类，尤其是经过一番张罗的苦心，在数量上也很可观，至少在目前国内的藏书楼里，怕还寻不到一个对手。所以到黄昏人静以后，我的最大的任务，是向北望那火光，看它有没有往西传播的趋势。我认定了一所高房子的尖塔，做一个参考之点，看红光西播的程度和这尖塔相去的距离，来断定那火势究否在那里伸张开去或收敛下来。这种观察当然是很靠不住的，但当时除了它以外，再也没有别的办法。有时觉得火势好些，心上便照样地轻松了好些；有时觉得火势蔓延得极快，估计起来，已有越过大统路的地段而进入恒丰路的地段的趋势，心上便觉得有东西像辘轳般地起落，终夜不能合眼。有人说国家到此境地，生命都应该置之度外，还管这些书本做甚。话尽可这样漂亮地说，但事实并不这样简单，你要不置之度外，也不由得你。同时，不用说，我最关心的自然是每日胜负的消息，要是十九路军失败的话，那些书籍，当然不是化为乌有，便要归入别人的掌握。

我的内弟赵君见我这样的寝馈不安，便发一宏愿，要把我的藏书救出来。他在市府里办事，可以设法向公用局在苏州河上的船务处商租一只驳船，专作运书之用。冲突开始后的第五天还不知第六天，他和我的包车夫阿二便冒险渡了河。但当天并没有出来，也没有消息，我们当然着急得不得了。第二天上午阿二出来了，教我于下午 3 时光景雇了运货汽车到董家渡去接。后来费了九牛二虎之力，总算把全部的藏书安安全全地运到了青年会，特别租了一间房把它们安放下来。中间经过的情形也似乎值得提一提，因为它是逃难经验中很重要的一部分。那天他们二人到了闸北，便把所有的书，用被单褥单包扎了许多大包，雇了十辆小车送到苏州河岸；但出门不过几步，一阵谣言说十九路军败下来了，车夫们便扔了车子就跑；后来总算又把它们押归住宅的铁门以内，但上船是来不及的了，所以便迟了一天。驳船从麦根路桥摇出苏州河，进黄浦，到董家渡，也足足摇了大半天。那天算赔了八十块钱的运输费和牺牲了几十条的被单褥单，我的书却终于得了救，留待将来第二次的逃难。

明天是“一·二八”的第二周年，论情论理，我们不能不说几句话，但时至今日，还有什么可说的呢？连那轰轰烈烈的第十九路军也已经成为历史上的陈述，只好供后人歔欷凭吊，还有什么可说的呢？无已，姑把我私人的经历抬出来应一应时景，虽则无裨时艰，要还不失为切身的一些事实，一些真情的流露。

（选自《华年》1934 年 1 月 27 日第 3 卷第 4 期）

悠忽的罪过

清初学者容城孙夏峰先生（奇逢）说过一句话：人生最依恋者过去，最希冀者未来，最悠忽者现在。这是一般人的通病，引来适用于今日的中国，尤其能切中时弊。依恋过去，在以前的中国是一个通病，一种痼疾，是谁都知道的。十之八九的儒家动辄讲先王、先哲、先民、先圣昔贤。孟、荀以后，于尧、舜、禹、汤、文、武、周公、孔子一类的先圣，更是称扬备至。道家的依恋过去，比儒家更进一步，他们主张还真返朴，回到文化以前的境界，恢复浑浑噩噩的初民生活，退归不识不知的婴儿时代，甚至于缩回到天地之根的玄牝。在一般人的实际生活里，祖先的祭祀成为一种宗教，孝道的畸形发展至于伤身灭性，废弃人事；一个很有作为的人，一生之中，所成就的唯一大事，往往是为族中创建了一所宗祠，或修订了一部家谱。旧日家制的所以为人诟病，一大部分是因为这一类的事实。

不过依恋过去和托古设教是两件事，不宜混为一谈。孔子多少是一个托古设教的人，孟子言必称尧舜，劝为君的做尧舜之君，为民的做尧舜之民，是中国文化史上最有力的一个托古设教者。不过孔孟自己都不是依恋过去的人。孔子以圣之时者见称。孟子的革命思想最丰富，他奔走于列国之间，想在政治上有所补益，也最积极，前者表示他并不依恋过去，后者更证明他决不躲避现实。孟子先以性善之说设教，认为人性本无不善，善是先天的，不善是后天的，是由于教养的失其道与个人的不努力；所以劝人改造环境，劝人自求精进，以复归于善。个人生活如此，在逻辑上团体生活也就不得不如此。团体生活原先也是善的，到了后世，因为历史与文化的种种原因，才变为不善，于是更进一步地以尧舜的郅治来设教。他的目的不在证明尧舜之世究竟有没有郅治的实迹，而在当时的君民可以因为这种说法，而多得一些为善的刺激，多做几分改革的努力，换言之，他的目的在收获一些近代一部分哲学家所称的实验主义的效果。我们并且相信，孟子自己也未必以为尧舜之世真有过郅治之局，唯其如此，更可以知道他是在托古设教，而不是迷恋着古代。后世的儒家不明此理，才造成了一派食古不化的风气，历数千年而不能改。

依恋过去又与保守不同。一味保守，主张复古，固然不合，但若认定前人的经验中确乎有一部分不因时代而转移的东西，从而加以维护，这种有选择的保守还是对的。四五十年来很多人把依恋过去和保守认做一事，不分皂白地加以贬斥，同时另创了一个“维新”的口号，以为只要大家不抱残守缺，社会上一切便有办法。殊不知如果我们完全不能保守，那我们又何爱于有文化？好比一个人，昼夜奔忙，不知休止，也不知所为何物。又好比一个人，贪多务得，肆意攫取，而右手接来，左手弃去，试问这又成何局面？依恋过去的人，必然是一味保守的人，因为他觉得凡属旧东西都值得拥护，值得流连，但有眼光有拣选的保守行为不在此例。这种保守的人，专挑好的文化品性来保守，就不会有依恋过去的感伤病。

依恋过去的脾气，在中国人中间比较发达；而对于未来妄生希冀的脾气，则似乎在西洋人中间，流行较广。西洋人不大依恋过去，伊甸园虽属可乐，但犯了罪做了孽的人纵历百千万劫，也是不能回去；一个人对于一件事物，明知格于情势，无可挽回，也就索性恝置不问。西洋人不依恋过去，这也是一个解释。但依恋是一种情绪，西洋人初未尝没有这种情绪，而情绪必有所寄托附丽，过去既不成为寄托附丽的对象，便不能没有取代的东西，那就是未来了。在基督教全盛的时代，这未来就是天国，就是耶稣的再度降临，就是末日的审判，就是《启示录》中所描述的种种光怪陆离的境界。这些，也有人，特别是诗人，认为就代表着伊甸园的逐步恢复，那就等于说，过去与未来原是一回事。无论是不是一回事，一般善信的眼光与情怀的对象，到此总是在前，而不在后，和我们对于无怀、葛天、尧、舜、禹、汤的念念不忘，毕竟很有不同。到中古以后，基督教的努力比较减削，希冀未来的种种努力又转以柏拉图的理想国做范本，因而产生了很多的乌托邦的冥想家与作品。降至近代与当代，初则社会思想界有所谓乌托邦的社会主义一派，继则有多少以一种理想社会做归宿的一般的社会主义，马克思的所谓科学的社会主义也不是例外。至于一般的人则十九迷信社会自然进步，并且越走越进入光明灿烂的境界。这种迷梦，经过连一接二的国际间的大屠杀以后，最近才有一些清醒的朕兆。

中国的情形很不同，我们似乎除了子孙以外，对于未来，不做展望，更不事妄想；未来的社会便是子孙的事，子孙自会安排，子孙有着落，这种安排也就有着落，我们大可不必越俎代谋。这似乎是以前中国人的看法。这看法实际上也很有道理，子孙有他们的环境，有他们的时代，有他们自谋位育与自求多福的方式，我们的深谋远虑说不定对他们并不适合，以至于全不相干。不过我们对于子孙的产生与血统的维持，所运用的心力，所寄托的希望，也就足够迷恋与妄想一类形容词所指的程度了。“儿孙自有儿孙福，莫为儿孙做马牛”一类的话正指着以前自甘于做牛马的人之多。风水的信仰更十足表示这种妄生希冀的心理。这都是昭昭在人耳目，无须多事申说的。

依恋过去与希冀未来都属于人性的自然，原是未可厚非的，甚至于有时候还值得鼓励的；但如果过于依恋，过于希冀，那就很容易成为一种病态，成为两条最方便的逃遁的门路。所逃遁的是什么呢？就是现实。

逃避现实的门路不一而足，发疯、自杀、做隐士、做和尚，都是。不过这些门路都不容易走，发疯是不由自主的，自杀往往也是，出世与自杀都需要很大的决心与牺牲，非一般人能力所及。唯有依恋过去与希冀未来的两条出路无需牺牲，人人可走，并且走上了也不会招致精神上不健全的讥评，甚至于还可以博得好评，例如“古道可风”“富有理想”之类。其实这些人的心目中的古道，或理想世界，无非是各种程度的空中楼阁，而楼阁中的居停就是这些人自己；他们只要一天不离开这楼阁，就一天不发生应付现实的问题，其为不健全，与专做白日梦的初期疯狂的人，根本没有分别。

用上文所说的立场来看今日的中国的情势，真可以教人引起无限的隐忧。三四十年来，我们大部分的努力，似乎是专把旧有的不大好的东西和西洋来的不大好的东西凑合起来。敌人一向批评我们是一个文字国，英国人自己批评自己是一个议论国，最近若干年的政治生活充分证明我们实兼文字国与议论国之长。这点我在以前早经为文讨论过。如今我又发见一个新的凑合。以前我们长于依恋过去，如今知道，我们也未尝不长于希冀未来；以前躲避现实的路只有一条，如今却添成两条；以前只有后门，如今前后门都畅通。如此，当前的许多错综复杂的问题，岂不是更有搁置的危险？"最悠忽的现在"，岂不是更要被夏峰先生一语道着？

现实是需要应付的，应付需要大量的心力；平时如此，国家多难之时，尤其如此；平时有人想躲避，危难的时候想躲避的人自然更多。观察所及，我以为这种躲避或逃遁的倾向已日见变本加厉。就依恋过去一方面看，这倾向倒并不严重，当然是因为时异世迁，不很时髦的缘故。不过，复兴孔子与儒学的一类努力已足够教主张全盘西化的朋友们寒心。至于希冀未来一方面，则似乎已经发展到一种风气的程度，而此种风气的最具体的表现是召开会议，讨论计划。近来会议之多是凡属能看报的人都知道的。会议必有提案，少则一二百件，多则三四百件，提案之中，纠正已然的成分固然在所必有，而策划未然的成分毕竟要占多数。只是集会讨论若干现实的问题，这其间已有以大量议论与文字来代替实际行为的危险，何况所讨论的又大部分是未来的计划呢？

建国诚然要紧，但我们不应当容许建国的企图减低了抗战的努力，转移了对于抗战的视线，漠视了抗战期间前后方种种极复杂的问题。我们应知这些复杂的现实问题如果不获合理的解决，则前途建国的一切设计是空洞的、缺乏根据的、实行不通的。我们更进一步地认为这些现实问题的合理解决，便是建国的第一个步骤。目前的高谈计划，忽视现实，是袭了鸵鸟的故智；一样埋头，鸵鸟把头埋在沙里，我们把头埋在纸堆里、计划里、统计数字里，实际上没有分别。显而易见的，我们中间总有不少的人想借着计划所启示的希望，来解除、减轻现实所给予我们的困难、创痛与苦闷。至于现实如何呢？政治是统一的，经济是稳定的，教育是整齐划一的，抗战进行一日，这统一稳定与整齐的程度更猛进一步，我们踌躇满志，期待着最后胜利的来临。中国人耐性最好，都懂得如何“挨”过日子，从前似乎只懂得苦挨、硬挨，如今却明白身体上的挨未尝不能有精神上的补偿调剂，就是把所有的理想希望寄托给未来，交付给计划。不过话得说回来，如果我们真走这条门路的话，我们的苦挨将永无止境，我们将永无出头的日子。呜呼，悠忽的罪过！

古书上说，执其两端，用其中于民。这是一个包罗最广的原则。就时间的变迁说，两端是过去与未来，而中是现在。我们以前的痼疾是执一，执过去之一；今日正在养成的一个通病，也是执一，执未来之一；无论所执的是什么一，结果总是疏忽了现在。荀子说，“善言古者，必有节于今”，所以更进一步地有法后王之论。如果荀子生在今日，他一定还要添上一句，即，善言未来者，必有节于现在，善言计划者必有节于当前的情实。如果不识有节于今的道理，则无论言古往，言未来，至多只能发生一种情绪的作用，一种感伤主义的作用，于实际生活了无补益，甚或等于躲避现实，等于穷于应付现实后的一个失败的承认。现实主义，唯现实是问，固然是罪过；悠忽现在，对现实采取粉饰、株守、逃遁以及顾左右而言他的态度，更是罪过之尤。

（选自《自由之路》，商务印书馆 1946 年版）

散漫、放纵与“自由”

人是一种会设词的动物。他会自圆其说，会“从而为之辞”；每逢有一种行动的时候，他总要有个说法。说他为什么有此行动的必要，不过所说的十有九个是好的理由，而不是真的理由，这就叫做设词。

任何社会里，总有一部分的人在行为上很放纵，很私心自用；但这种人决不自承为放纵，为私心自用；他们一定有许多掩饰自己的设词或饰词，其中很普通的一个，特别是晚近两三百年来最流行的一个，就是“自由”。

中国民族的习性里有许多人都承认的几个缺点：无组织、不守法，既不能令、又不受命。这些缺点，就其在团体方面的表现说，大概不会有人加以辩护；不过一到个人自己，说不定就会自觉的，或不自觉的，说出不少文饰的话来，而这种话里最现成的一个名词恐怕也就是“自由”。这“自由”事实上就等于上文所说的放纵与私心自用。

散漫与放纵都不是自由，而都极容易被假借为自由。然而我们是不是就因此准备废弃自由的名词与概念呢？近年以来，很有人表示过意见，认为应当废弃。我却以为不然。我们不能因噎废食。我们也不能因为世上有假仁假义的乡愿、政客、伪君子而弃绝仁义。贪官污吏，假民生之名，行自肥之实，我们就得闭口不讲民生主义么？这一类伪善的行为越多，我们对于真善究竟是什么，便越应当多说，越应当说一个清楚，到一般人都能够明了，而一部分人势不能再事假托为止。

然而自由究竟是什么？我们姑且不说自由是什么，替任何比较抽象的东西下界说是不容易的。我们先说自由的两种先决条件。一个人能先具备这两个条件，则不求自由而自由自至，别人在外表上不容许他自由，在实际上自由还是他的，剥夺不了；否则一切都是空谈。

第一个条件是自我认识。一个人如果对世间事物真有一种智识上的义务而不得不尽的话，第一个应当效忠的对象就是他自己，他自己是怎样来的，一般的强弱如何，智愚如何，有些什么特别的长处可以发展，特别的缺陷须加补救；如果不能补救，又如何才可以知止，可以自克，可以相安，可以不希图非分？能切实解答这些问题，一个人就可以有自知之明，古书上一个德字，一个诚字，其实就是自我，就是我之所以为我，而明德、明诚、度德量力一类的话，指的就是这自我认识的功夫。

第二个条件是自我的控制，在科学与技术发达的今日，人人都喜欢谈控制，社会的控制，环境的控制，自然的控制，甚至于自然的征服。在科学技术很不发展的中国古代，我们却早就在讲求自我的控制与自我的征服。自我应该是第一个受控制与征服的对象。我认为中国人生哲学的一大精华，就是这个。中外历史上的一切扰攘，特别是西洋近代式的大战争，可以说是控制了环境，控制了自然，而没有能控制自我的必然的结果。以前所称格物的一部分，诚意、正心、修身的大部分，所谓自胜者强，所谓无欲则刚，指的就是这一些功夫。

自我认识是第一步，自我控制是第二步。控制的过程中虽也可以增加认识，但两者大体上有个先后；知行难易，虽可容辩论，知行先后，却不容怀疑。所以一个人完成他的人格的过程中，学问的努力比较在前，而涵养与历练的功夫比较在后。教育的根本，教育的核心，应该就是这些；他如一般知识的灌输、技能的训练、职业的准备、专家的造就，有如近代学校教育所能供给的种切，都是末节，都是边际，有时候还不大着边际。

从这种学校教育出身的人，既没有认识自己，更不能控制自己；自由两字，当然是无从谈起。因为不认识自己，不能度德量力，不知诚中形外之理，便不免妄自尊大，希图非分；因为不能控制自己，便不免情欲横流，肆无忌惮。他们根本不配讲自由，不配讲而偏要讲，则末流之弊，以个人言之，势必至于放纵不羁，流连忘返；以团体言之，势必至于散漫凌乱，争嚷不休。自由本不易言，在比较良好的教育之下，已自不易，何况在目前支离灭裂的学校教育之下呢？孔子自己说他“七十而从心所欲不逾矩”，“从心所欲不逾矩”就是自由，就是自由最好的注脚，最好的界说。孔子到七十岁才做到自由的境界，也可见自由之难了。白刃可蹈，而中庸不可能，我对于自由，也几乎用同样的话来说，我甚至可以说，中庸的难能，实就是自由的难能；可立可权的道理，事实上就等于从心所欲而不逾矩的道理，这在对儒家思想有心得的人自知之，在此毋庸多说。

唯难能者弥可贵。中庸虽不可能，而在三千多年的中国文化里，特别是儒家所代表的那一股主流里，不特从未放弃过，并且是一贯地被认为至精至当。在西洋文化史里，特别是最近三四百年来，自由也占一个相似的地位。我们知道我们中间事实上没有几个真正做到过中庸。我们见到的只是许多骑墙的人，模棱两可的人，与更多的平凡庸碌的大众，即全都是假冒中庸的人。西洋史上又有过几个真正自由的人呢？也没有几个。我们见到的是许多各走极端的思想家与行动家，与更多的放纵、流浪、侵夺、争斗的大众，即，全都是假冒自由的人。中庸与自由，一个健全理想的两个方面，都做过不健全的人的护身符。在这种理想的双重掩护之下，正也不知发生过多少龌龊卑鄙与放僻邪侈的行为，但我们能因此而绝圣弃知似的把这理想放逐到文化以外么？我们断乎不能。

上文所说的也许陈义过高，不切实际。自由如此其难，岂不是谈了也等于不谈？那又不然。天下事是比较的。谈总比不谈好。按照上文的说法而加以谈论的结果，纵不能教人从心所欲不逾矩，至少可以教人对自己多认识几分，多控制几分；而其必然的趋势是，在个人可以取得比较有分寸有裁节的生活，在团体可以取得比较有组织而更协调的秩序。我们厌恶放纵，欢迎节制，应知只有讲求自由后的节制才是真节制，是内发的节制，而不是外缘的遏止。我们厌恶散漫，欢迎组织，也应知只有讲求自由后的组织才是真组织，真秩序，是自动发生而有机的秩序，而不是外铄与强制的机械的秩序。我们为促进个人生活的节制与团体生活的整饬计，近年来也下过不少的功夫，只可惜这种功夫全都是外铄的而不是内发的，强制的而不是自动的，所以各式各样的规条、法制、运动、集训，尽管一天多似一天，究有几分成效，即身历其境的人也还不能断定。

最近我们都读到当轴颁布下来的一本极端重要的新书《中国之命运》。这本书也讨论到本文所讨论的问题，就是自由的问题。似乎书中先讨论到的那一种自由，就是我们所说的假自由，就是散漫与放纵，而后来讨论到的那一种是真自由。我对于这两节讨论都极赞同。不过有不关文字的一点我们竭诚希望当轴能于再版时加以更正，就是后一节讨论里的自由两字上所用的引号（“”）应当移到前一节讨论里的自由两字之上。我认为真的自由无须引号，而假的自由非纳入引号之中不可。这样，真假可以划分得更清楚，黑白可以表见得更分明，而读这本书的国民得以更进一步地知所适从了。

（选自《自由之路》，商务印书馆 1946 年版）

类型与自由

中国人一向看重人的地位。西洋人在古希腊时代，在文艺复兴以后，也一再有过同样的趋势。所谓看重，又有两个不同而相关的看法：一是把人当做一切事物与价值的衡量或尺度，一是把人当做一切学问的主要对象。人之所以为人，如果不先考查清楚，则其所以为其他事物的尺度者，在效用上势必有限，所以说两个不同的看法是相关的。

无论中外，两三千年来，这两个看法的分量大有不齐，尺度的看法至少要占到十分之九，而学问对象的看法至多不到十分之一。在中国，一切客观的学问比较的不发达，这看法的分量事实上怕比十分之一还要低微，而尺度的看法也就远不止十分之九了。“神而明之，存乎其人”“道不远人，人为道而远人，不可以为道”一类的话全都是尺度的说法；不过因为不知道这尺度本身究属是个什么，所能“神明”到的程度就大有疑问。在西洋，情形稍有不同，一面有尺度之论，一面也未尝没有一些学问对象之论，例如英国诗人波伯（Pope）就说过“人的正当的研究是人”。到科学发达的最近一二百年里，关于人的研究也就不算太少，但是我们也得承认两点，一是人的研究在质量上远不及物的研究；二是人的研究事实上就是物的研究的一部分，是把人当做物的一种来研究的，是把人拆成若干物质的片段来研究的。因此，人究竟是什么，我们到现在还是很不了解，科学家至今还不得不承认“人是一个未知数”，好比代数里的X或Y一样。

不过这并不是说，以前便完全不曾有过对于人的观察。即在中国，这种观察也是有的，并且这种观察还至少可以归纳成两路：一是等级的一路，例如上智、下愚与中才之分；二是类型的一路，例如狂狷与中行之分。这两路孔子都曾经提到过，等级的一路我们目前搁过不说，只说类型的一路，因为它和我们题目的关系比较密切。

人的类型不一，也可以有不止一种的分法。但狂狷一类的分法似乎是最基本的一个，从孔子的时代到今日，我们对它并未能有多大的损益。类型的名称可能有些变动，但观察到的类型的实质始终是一回事，即在近代心理学与社会学比较发达以后，情形也还如此。例如意国社会学家柏瑞笃（Pareto）喜欢把人分做进取与保守两类，进取一类叫做speculatori，保守一类叫做rentieri。前者不就近乎狂，而后者近乎狷么？又如奥国心理学家容格（Jung）把人分做内转、外转与内外转不分明等三类。三类的西文名称是introverts，extroverts与ambiverts。内转近乎狷，外转近乎狂，而内外转不分明近乎中行。

这里有一小点不同，孔子认为中行的人最难得，而容格认为内外转不分明的人最多。这可能的是因为时地既大有不同，类型之分布也就很有差别；也可能容格的看法是一个客观事实的看法，根据频数的分布而言，中行是必然的数量最大的，而孔子的却是一个比较道德的看法，他把中行的人看做天生就能实行中庸之道的人，那自然是不可多得了。事隔两千五百年的两个看法，表面上虽有不同，事理上却并不冲突。狷者一味内转，狂者一味外转，是很单纯清楚的。中行者内外转不分明，即时而内转，时而外转，不拘一格，不求一致，便比较复杂，其间可能再别为两种：一是无所谓行为准则的，那就是容格所见；一是有比较严格的行为准则的，即每一次做内转或外转的反应时，必有其道德的理由，那就是孔子所见。

类型是天生的。类型是本性的一部分。“江山易改，本性难移”是一句老话，近代研究遗传的人也认为类型不容易因后天环境而改变，从比较自然主义的立场看，类型的存在有它的演化的价值，正复无须改变。生物界有所谓多形现象（polymorphism）的说法，类型的存在就是此种现象的一个表示，而人类在一切生物之中便是最多形的，唯其多形，人类才最要讲求分工合作，才会有复杂的社会，才会有繁变的文明。

我们不妨就狂狷两个单纯的类型举个实例。近代的英国政府便可以说是建筑在这两个类型之上的。保守党人近乎狷的一类，自由党人近乎狂的一类。近年以来，自由党的地位被工党取代，表面上好像是换了一个党，换了一批人，实际上可以说并没有换。这两个类型的人更迭掌握政权，时而保守，时而进取，时而有所不为，时而大有作为；结果是近代英国政治，在一切文明国家之中，是最稳健的，稳时不失诸静止，不妨碍进步，健而不失诸过激，不妨碍和谐。英国政治，洵如拉斯基（Laski）教授在最近的一本著作《当代革命观感集》里所论，尚大有改良的余地，但这是一个大体比较的说法。自从第一次世界大战以后，二十余年间，英国政治的保守性大有变本加厉的趋势，而自由党的力量不足以抵制这种趋势，于是工党便日渐抬头，加以取代；这次大战一旦结束，混合内阁的局面再转而为政党内阁的局面时，如果英国民族的活力无碍，我们逆料工党是可以获胜的。总之，人的类型自有它的社会与文化的极大的效用，英国的政党政治便是最彰明较著的一例。

上文云云，只是一个比较自然主义的说法。自然主义的立场固然有它的重要性，但还不够。我们必须添上一个人文的立场，那议论才比较圆满，才比较健全。类型之分并不是绝对的，而类型的发展却很容易趋于过度，所谓畸形发展的便是。任何畸形的发展是不利的，对个人不利，对社会不利，对民族的长久维持滋长也不利。再就狂狷两个类型做例子说。如果畸形发展的是狂的一流，则第一步是个人生活趋于肆放，以至于一味地肆放，狂与狷之间既不易了解，狂与狂之间也难期合作；于是第二步便是社会生活的趋于动乱，以至于长久不得安定；第三步可能的是经由选择的途径，狂的一流的人口，在质与量上逐渐的递增，而狷的一流人口，便逐渐的递减，更使社会的动乱，由一时的现象成为累世积叶的痼疾。狷的一流如果畸形发展，结果当然相反，而其为不利亦相反。少数极端狂狷的例子可能的是两种不同的疯子，不容易结婚生子，所以就他们说，第三步的不利可以毋庸过虑；

不过他们本人的影响，以至于大多数不十分狂狷的分子的本人以及后辈的影响，综合起来，已足够教一个民族社会，不是过分长期的死沉沉的保守，便是过分长期的热灶上蚂蚁似的动乱。

此外又有第三个可能，就是不狂即狷的人越来越少，而既不能狂又不能狷的人越来越多，即容格所了解的中行或内外转不分明的分子，或略有几分可狂可狷的趋向，而狂狷得不中绳墨、狂狷得不发生社会与道德的意义的分子，成为畸形发展，那结果也是极不相宜。这样一个民族社会是平凡的、庸碌的，是善于作浮面的模仿、敷衍、应付，而不能切实地有所创造与建树的。再就上文三步的弊害说，到此第一第二两步倒比较不成问题，甚至于表面上还有几分好处，即个人之间不容易发生强烈的摩擦，而社会生活容易维持一种粗浅的和谐；最成问题的是第三步，就是人口中间敷衍将就的分子日趋于滋蔓难图。

讲品性分布的人喜欢用曲线来表示。这曲线总是两端平衍而中间坟起的。如果狂与狷或外转与内转的人，各占一端，而中行或内外转不分明的居中。我们所希望的曲线是坟起处不太高而平衍处不太短的那么一条，即两端要相对地与相当的比较多，相对是指中心说的（比中心绝对的多是不可能的），相当是指两端彼此之间说的。我们所不欢迎的曲线可以有两条，一是中间过于坟起，二是坟起处不居正中，而偏向右方，或偏向左方，越是坟起得过度，越是偏向两端之一，便越是要不得。这说法并不适用于其他品性的曲线，例如智力，但对于狂狷一类的品性是适用的。

所以狂狷一类型的过度发展是要防止的。防止的方法不出两途：一是选择，二是教育。选择属于优生学的范围，我们姑且搁过不提。就教育一途说，我们的目的是，使狂狷两流人物的态度与行为要有适度的发展，即无论狂狷，在性格的修养与表现上，要有些分寸，有些伸缩，总以不妨碍和不同类型的分子相安与合作为原则。最低限度，也要使不同类型的人能彼此了解，能设身处地，而与以同情的容忍。保守的人与进步的人，政治的主张虽有不同，虽不属于同一党派，在朝的甲至少可以容许在野的乙一个合法的地位与活动的自由，便是最低限度的一个实例了。这是一方面。在另一方面，对于大多数可狂可狷与不狂不狷的人，教育第一步应当让他们知道“进取”与“有所不为”的道德的价值，第二步应当教不狂不狷的人勉力于能操能守，教可狂可狷的人勉力于以时操，以时守，而不至于完全从俗浮沉，与时俯仰。

教育要做到这一点，必须有一个原则，这原则就是自由。因遗传的关系，能狂而不能狷的人，或能狷而不能狂的人，或两者都不能的人，或两者都能而自己不能作主宰、定抉择的人——都是不自由的人。但凭“天命的性”来行事的人没有一个是自由的。人类以下的一切动物之所以不自由，也就在此。教育的责任，一面固然是在发见与启发每一个人的遗传，一面却也未始不在挽回每一个人的造化，尤其是如果这个人的造化有欠缺而容易走偏锋的话。顺适自然易，挽回造化难。就目前教育的效能论，容易的一部分既还没有满意的做到，这困难的部分是更无从说起了。

不过教育的努力是迟早要积极应付这困难的题目的。事实上以前东西的哲人，都曾不断的努力过，可惜继起无人，到如今题目的认识还有问题，遑论一般的差强人意的解决。希腊哲人的努力是昙花一现似地过去了。中国先秦时代的一番努力，两千多年来，虽不能说已经成为明日黄花，却已经走了样，变了质，降至今日，趋向于把它当做明日黄花看的，正复大有人在。例如孔子一派所论的中庸、博约、经权……等等，事实上就是这原则的另一些陈述；经与权之分虽至汉代方才流行，立与权或中与权的区别却是孔孟亲口提出的。狷者能约而不能博，能经而不能权，狂者适与此相反，真正能中庸与中行的人是极端难得的，孔子所称可与立而未可与权的人，孟子所称执中无权的人，表面上好像是中行，实际上还是狷的一流，但知守而不知操，但知有所不为而不知进取。再如孔子自称年至七十，始能从心所欲而不逾矩；从心所欲近乎狂，不逾矩近乎狷；狂而能不逾矩，能有所不为；狷而依然能从心所欲，依然能有理想，能图进取，斯其所以为中行了，这才真正进入了自由的境界。在本质上孔子可能是一个天赋特别优越、生而宜乎实践中行与自由的人，但一直到七十岁方敢自信已经踏进这个境界，可见挽回造化真是天下第一难事。能立志担当起这一件难事，才是第一流的教育家。即使有一天我们对于人的研究有了充分的收获，我们相信这种困难还是存在的。

上文云云，始终是一番原则上的话，就中国中古以降的情形说，我们的说法还须有些变通。大体言之，两千年来，因为误解了中庸与中行的原则，就一般士大夫言，狷的一流是远超过了狂的一流；就一般民众言，不狂不狷与可狂可狷的分子自然是占绝大的多数，而因为士大夫始终执社会与文化生活的牛耳，在可狂可狷的大众不能不唯他们的马首是瞻，换言之，也就不得不趋向于狷的一途；于是，就少数领袖说，洁身自好，有所不为，成为行为的最高准则；就民众说，多一事不如少一事，一动不如一静，息事宁人，惜财忍气……等等，成为普遍而不自觉的信仰。其总结果便是两千多年的静止与平凡的社会与文化生活，驯至惰性久已养成，痼疾深入腠理，即在刺激特别多而有力的今日，也大有动弹不得之势。然则为今日的教育设想，我们于讲求中行与自由的一般原则之外，更应侧重于进取、冒险，以至于多管“闲”事的精神的鼓励，因为唯有把狂的分量相对地增加，才可以教狷的分量相对地减少，因为，既枉曲于前，自非过正不足以矫之于后。这无疑的也是当代教育家的一笔责任了。林同济先生提倡狂欢，闻一多先生论到冷静的可怕，而呼吁着热闹。要提倡与呼吁发生效力，我们必须把不能狂欢与只会冷静的原因分析一番如上。

（选自《自由之路》，商务印书馆 1946 年版）

迷信者不迷

近来天气亢旱，各地方祷神求雨一类的行为，几乎日有所闻。行政院长汪精卫氏为此曾电嘱苏、浙、沪省市当局：当农民求雨的时候，虽不便过分干涉，然于事前事后，应注意到常识的启发，务使大家能破除迷信而积极地增加人事上的努力。在行政者的立场，而能有这种自由的见地，我们以为是很不可多得的。“不便过于干涉”的一语尤其是见得宽大，和近年来但知一味高呼“打破偶像”“废除迷信”的人的气味大有不同。我们何以在这些地方宜乎要比较宽大呢？理由是极简单的，就是，农民的迷信往往不尽是迷信。何以知其不尽是迷信呢？我们又可以从求雨方面看出来。第一，此种信仰并不是完全消极的。大家为了求雨，进城一次，游行一周，在城隍或其他庙宇里有一些团体的活动，结果，不但心理上暂时可以得一些安慰，工作上也可以引起一些兴奋。我们不信他们在求雨的祈祷仪式完了以后，便各自回家高卧，专等甘霖的来到。他们一定还在防旱的工作上不断地努力。他们是轻易不容易失望的，有一分可以努力处，这一分他们决不放松。要是求雨的举动的确可以在这干枯乏味的当儿，给他们一些慰安与兴奋，我们又何苦定要干涉他们？第二，农民相信偶像和偶像所代表的神佛，不错，但此种信仰并不是无限制的，并不是绝对无条件的。有求必应的神佛固然受农民的顶礼膜拜，千求不一应的神佛也许会引起大众的公愤，因而受到相当的处罚，以至于撤换。有的地方，因为求雨不灵，大众便把神佛从庙里抬出来，请它吃一顿鞭子，鞭后还要游街示众。有的地方大众用放火烧庙来威胁它。例如缙云县的城隍神，在以前便几次三番地受过这种威胁。这一次缙云县县长的祷雨文里，便说："尊神生前曾长斯邦矣。故老相传，天苦旱虐，吾民尊神，与神约，七日不雨，则火庙，神感，尊神诚如期降雨，救此一方，至今数千百年，人民以为美谈。"这还算是客气的，并不含多大威胁的意味，但味其语气，已经和韩文公的《祭鳄鱼文》的末尾几句没有多大分别了。由此可知此种的神道观是始终以人的福利做出发点的。假若一个神道不能给人福利，那就得退避贤路，甚至于要在人的手里受了责罚才走得脱。我们可以说这是人自己寻自己的开心，是一种很傻很幽默的行径。不错，生活的一大部分就是这种寻自己的开心的幽默行为所构成的。我们自己对付一种理想，其实也就用同一的自己解嘲的方法，时而把它捧上天，时而把它摔下地；时而修正，时而放弃；时而认为它是唯一的救世的南针，时而把它比做海市蜃楼、梦幻泡影。理想之于有智识的人，就等于偶像之于无智识的人。理想也就是一种偶像。偶像打不破，打破了就没有生命，对偶像却也不宜太认真，太认真了，生命的痛苦也就从此开始。一个能在这两个极端之间游刃有余的个人或民族便是一个健全的个人或民族。我们对于中国的大众，始终没有觉得失望，这就是一个很大的理由。你还要说他们迷信么？我们不。

（选自《华年》1934 年 8 月 25 日第 3 卷第 34 期）

必也狂狷乎！

最近在坊间看到一本比较有趣味而也有意义的书——张默生著的《异行传》。近年来大家忙于抗战的情况之下对生活、印刷的方便又是一天比一天难得，有趣味的新书既不多，有意义的新书更自稀罕。《异行传》就是这样稀罕的一本。

这是一本传记的书，是一望而知的。中间究属传些什么的人，怎样叫做“异行”，读者看了里封面后专页征引的一句话和再后面的目录，也就明白了。专页上引的是《论语》上所记孔子的话：“不得中行而与之，必也狂狷乎！”目录里除了作者的“自序”而外，排列着十篇传：《苗老爷》《疯九》《鸟王张》《异仆》《宋伯庄先生》《义丐武训》《新瞽瞍》《怪诗人徐玉诺》《现代学术界怪杰吴秋辉》《推行民众读物的先驱宋老先生》。这十个人的性格，有的狂，有的狷，有的时狂时狷，各有其特异于众人之处，所以总名为“异行传”。

我不久以前写过一篇《类型与自由》的稿，讨论到狂狷与中行的问题。随后又看见成都的一部分青年朋友发行了一种周刊，即以“狂狷”为名。心理上既有这些先期的准备，这样一本传述狂狷的实例的书，自特别地容易引起我的注意。

我一向有一个感觉，就是中国几千年以来，不但中行的人不多，就是狂狷的人也太少。在孔子的时代，可能后面一种的人还多些，所以孔子才有“必也”的话，但自从春秋战国以后，特别是秦汉以还，中行的人虽没有增加，狂狷的人却更见减少。这可能是误解了中庸之道的一个不可避免的结果。中庸之道的目的在求得中行之人，但一经误解，不特真正中行的人没有能造几个，并且积极地说，是维持了大量庸庸碌碌的人，模棱两可的人，东风东倒、西风西倒的人，让他们长养子孙，直至今日；而消极地说，把本来为数不多的狂狷分子反而给淘汰了，并且还淘汰得相当干净。这样一个汰强留弱的过程决不是民族之福。民族活力的表示不一而足，其中最有价值的一端终究是文化与事业的创造力，庸碌程度的提高和狂狷分子的减少，不能不说是创造力所由削弱的一大理由。试看，《异行传》中的十个近乎硕果仅存的例子，哪一个不有些奇才异禀，哪一个不富有创造的力量？此书的所以为有意义，在此。

民族分子中狂狷的数量虽日即于减少，我们对于孔子狂狷的兴趣，却幸而并没有完全消灭。“必也狂狷乎”的话当然有关系。历代喜欢观察人物、研究人物的人的努力，当然也有关系，历代官史大抵于一般的列传之后，附有各种有关特行或异行的列传。所可惜的是，异行的门类不够广，网罗的人物不够多，而记叙的笔墨也不够细。官史而外，私家缀辑的有关特行的汇传也不算少。专叙忠孝节义，以及隐逸一类特行的传记不论外，即本书作者所了解的异行人物而言，则有如宋代吴淑的《江淮异人录》，明代吴孝思的《奇士类编》，清代丁明登的《古今长者录》，李受彤的《良贵录》等，也是不在少数。《良贵录》是专传述仆役以及其他社会地位很卑贱的人的。

《异行传》的体裁以前虽早已有过，《异行传》的写法却是十分新颖可喜。在中国，传记与史学虽有两千多岁固结不解的因缘，传记的数学却不发达，却始终是单纯呆板的那一套。遇到好手笔，一篇传记文可能的是不呆板，但单纯总是一大通病。作者在本书《自序》里，也深深地致慨于这一点，而在他自作的十篇传记里，竭力地矫正往习改变作风，总期每一个对象的异行，可以跃然纸上，令读者如见其人。《异行传》的所以为有趣味，在此。虽说各人的异行本来就有趣，足以引人入胜，但一半的趣味还是从作者的笔墨中来。

最后还有值得讨论的一点。作者在《自序》里提出所谓"态学"的问题。他说："我写作《异行传》，是我研究传记文学的副产物；而我研究传记文学，又是我研究'态学'的副产物。'态学'这一名称，当然是很面生的；因为这是我的杜撰，在以前的学者是未曾明白提出的。可是我不仅提出这个怪异的名称，我更愿进而研究其含义，剖析它在人类舞台上所占的势力，旁征博引，反复追寻，期在哲学与心理学之间，完成一种学术体系。这是《异行传》的远祖。"这一番话是有问题的，我们看了《自序》的全文，再看了各篇的异行传记，知道所谓"态学"，其实就是类型之学，就是研究流品或性格派别之学，而这是当代西洋已经有的一门学问，名字有叫做气质学或流品学（constitutionology）的，有叫做品格学（characterology）的，似乎直接叫做类型学或态派学（typology）的，态派学一个译名更是音义两近。即如我最近译的霭理士的《性心理学》里就有如下的一段话：

儿童指导的事业所引起的研究工作，前途对于人类流品的认识，也许可以促进不少。医学界对于所谓流品学，即研究人类身心品类的专门之学，很早就发生兴趣，因为这种研究不但对医学有利，与一般的生活也有莫大的关系。不过一直要到最近几年，这方面研究的资料才归于切实，而流品学在科学上的地位才算站稳。我们甚至于可以说，一直要到 1921 年，等到克瑞奇默尔（Kretschmer）教授的划时代的著作《体格与品格》（*Physique and Character*）问世以后，流品之学才算真正放稳在一个科学的基础之上；固然我们也承认这门学问目前还幼稚，而还在发展之中。

即使我们根据霭氏，以 1921 年为这门学问的起点，那至今它已经有了二十多年的历史，可见所谓“态学”以前不是没有人明白提出过的了。

（选自《民主周刊》1944 年 12 月 16 日第 1 卷第 2 期）

一种精神两般适用

二十六年多以前的五四运动和新思潮运动提出了两个目标：一是赛先生，即科学；二是德先生，即民主。科学与民主，表面上是两回事，是文明生活的两个不同的方面，就基本的精神说，实在是一回事，是一种精神适用到了两个生活的方面。

所谓一种精神，最可以概括的是“客观”两个字。把客观的精神适用到人以外的事物上去，从自然的事物，如声、光、电、化、植物、动物、包括人之所以为动物在内，到社会与文化的事物，如一切人群关系、典章制度，其结果就是各门的自然科学与社会科学。大抵绝对的客观是不可能的，因为科学家也是人，人有人性，人有人的气息，被客观研究的事物对象多少不免沾染到一些人的气息。不过谨严的科学家总是竭力的设法，使主观的成分得以避免或减少到最低的限度，总是设身处地地让事物自己把它们的内容表露出来。所以对事物的客观也就有人叫做“物观”，似乎比客观两字更来得贴切。科学家的最基本的一般努力，是要做到最可能的“以物观物”的程度，而不是“以人观物”，更不是“以我观物”。三百年来，这一类的努力是相当的成功的，特别是在自然的事物一方面。我们终于揭发了天地之蕴，终于能驾御一大部分的力量为我们所用。用得妥当不妥当，运用的结果是否全都能为人类造福，固然是另一问题。但适用客观精神的结果，先之以清切的了解，继之以有效的控制运用，规模之大，成就之多，是人类有史以来不曾有过先例的。这是题目中所称两般适用的第一般。

第二般是把同样的精神适用到人，适用到实际的人事，特别是关于团体生活的人事。这种精神到如今还没有现成的名词。最近情的还是“民主”。如果我们可以创一个新名词的话，我们不妨用“民观”两个字。“民观”就相当于对于人事以外的事物的“物观”。我们应付人，如果应付的目的端在科学的了解，我们当然一样的适用“物观”的精神，不过这种应付的行为是专属研究范围的，应付的结果可能是一门关于人的自然科学，或一门社会科学，或一门人文科学，说已见上文。但人不止是一种研究的对象，（凡属被研究的对象，在被研究的时候，对于研究者，是不做反应或被假定为不做反应的；至于对研究条件或研究时所用的刺激的反应，所在而有，那当然是另一回事）而同时也是一个感应的对象。人与人之间有交相感应的关系，而交相感应之际，或相与往还之际，要它融洽，要它各如其分，各不相亏，也需要一种客观的精神，这精神我们姑且叫做民观，以别于完全为研究用的物观。

民观二字虽见得生硬，其所指的精神却很早就有人见到。例如，最古老的两句民本思想的话，“天视自我民视，天听自我民听”，天字虽有神道设教的意味，其目的也无非是要执掌政权的少数人尽量的尊重民意，尽量的以民众的耳目为耳目，以民众的好恶为好恶，以民众的旨趣为旨趣。这就和民观的意思很相接近了。至于《左传》把“明”与“恕”并称,《论语》讲“明”与“远”,《大学》说去“辟”，荀子主“解蔽”，所用的都是这一条路线上的功夫。再举一个实例说，在以前科举取士的时代，较大的省会所在地必有贡院，贡院的前后进必有三大建筑，第一进是“明远楼”，其次是“至公堂”，最后是“衡鉴堂”，是全国一律的。科举是抡才大典，考试是抡才的方式，目的在为国家选拔真才。才能是一个客观的东西，才能的有无多少，决不是一二考官的主观与私意所得而任情增损，随意取舍；所以一则曰明远，再则曰至公，三则曰衡鉴，务要考官们，从接纳考生起到阅卷发榜止，始终维持一个最客观的态度；这在字面上虽若和民观的名词毫无关系，其实际的精神是很显然的民观的。人才由民间出，应考的人民是什么就是什么，有多少聪明才智就有多少聪明才智。“是什么”是一个流品或质的问题，“有多少”是一个程度或量的问题，说“衡鉴”，“是什么”要鉴，“有多少”要衡。做考官的必须承认这个，拳拳服膺这个，决不能以意为之的以为什么，就算什么，以为有多少，就算多少。科学家观察与衡量人身以外的事物时，所用的不就是这种精神么？观察与衡量也不就等于衡鉴么？当初的科举考试制度是否真能如是其民观，那是另一问题；不过在建立这个制度的时候，有人看到这种精神的重要，并且进而得到许多人的公认，却是一个事实，不容抹杀的。至于真才选出之后，才的发挥也就相当于科学范围以内的力的运用，从“知人则哲”到“使贤任能”，好比理工范围以内的从理论研究到实际应用，也同有其从“学”而进于“术”的自然程序，是无烦多说的。

人是群居的动物，人也是变异最多的动物，人也是有相当自由选择能力的动物。唯其群居，而此其所以为群，又和蜂蚁之所以为群不同，其分子之间，在智能、兴趣与意向上，有极复杂的差别，于是政治就成为人生最大问题之一，可能是唯一最大的问题。狭义的政治是政治科学上所称的政治，广义的政治则包括群居生活的全部，即群居生活的各方面的处理是。群居生活，包括狭义的政治在内，无论在何种体制之下，总牵涉到两种人：一是掌握政权或居领导地位的少数人，二是接受管理和处随从地位的大多数人。根据一部分人的理想，一切社会阶级前途可能消灭，但这个最低限度的双重分化大概是取消不了的。固然，我们充分的承认，这双重分化中的分子决不是永远不变的，那领导的决不会永远的领导，随从的也决不会永远的随从，而是彼此之间不断的流动的，即社会学者所称的社会流动是。我们也承认，流品既不止一两个，群居生活也不限于一二方面，在同一时期内，领袖于此方面的可能随从于彼，或适得其反。总之，天下没有生来只配领导而一贯领导的人，或此种人的集体，也没有生来只配随从而一贯随从的人，或此种人的集体。

不过问题的发生，就任何一个横断的时代说，就在群居生活里总有这两种人的存在。这两种人的关系如何而可以最调适，最融洽；如何而可以使交相感应的作用发生得最灵活，最有效，特别是就领导者对随从者的感应说，因为他有权柄，容易滥用误用——这便是政治问题的核心了。广义的政治如此，狭义的政治尤其如此。上文所提到的知人、选贤、任能的问题不过是这问题的一个部门而已。

政治的目的是要得到上文所说的两种人之间高度的调适。我们的话不妨再从科学说起，科学的目的也无非是要取得调适，就是人在宇宙之间的调适。人要和自然环境调适，于是就有自然科学。要和目前的社会文化调适，于是有社会科学。又要和历史经验调适，于是有人文科学。我们都知道，特别是在自然环境一方面，三百年来，调适的程度已经着实增加了不少。这比较高度的调适是怎样来的？是适用了物观的精神来的。科学家，先之以物理的本然的了解，继之以物力的自然的运用，终于教人类在环境中取得了更进一步的安所遂生的程度；安所遂生，就是调适，也就是我时常说到的“位育”。理工的种种技术中间，在不察的人看来，总像包含着不少的人为的强制的成分，不少的故做聪明的成分。其实不然，大大的不然。物理自有其本然，自有其法则，岂是人力所能违拗？人懂了物理，顺了物理，便可多少加以聚散分合，加以控制纵送，却不能加以强制。许多人，包括一部分浅见的科学家在内，动辄侈言“征服自然”，那更无异于痴人说梦，妄自尊大！强制与征服的看法都是错误的，而其错误正坐物观的精神还是太欠缺，我深怕此种欠缺迟早将成为科学进步的一大障碍，且不免贻人类以无穷的忧戚。

如今政治的目的是在取得人与人之间的调适，特别是一时领导的人与随从的人之间的调适。领导的人好比科学家，而民众好比研究与运用的事物对象。政治家的任务就在清切地观察与了解民众的本来面目，包括上文所说的智能、兴趣、欲望、意向在内，从而有效地激发与运用民众中间蕴蓄着的无限的力量，使群居生活的富强康乐与和平创造得以提高其程度，扩展其境界。人理好比物理，也自有其本然，决不容以黑为白，指鹿为马。人力也好比物力，动态与静态之间也有其遵循的法则，可容顺适的安排调遣，合理的控制运用，而绝对的不容强制，不容征服，亦即不容剥夺抹杀。这就又回到上文民观的议论了。到此，上文所暂用的领导与随从的字样就不再合用，因为，如果政治的民观真能到此境地，则表面上虽像民众跟了政治家走，实际上是政治家跟了民众走。民众的智能、兴趣、欲望、意向、见解、理想成了一切政治活动与政治设施的最终的权威。到此，民观的政治也就等于民主政治，名异而实同了。

说到谁领导谁，有一个比喻是很可以发人深省的。在民主国家，民众是主人，官吏是公仆。好比坐人力车，坐车的不能不算居主人的地位，而拉车的则居仆人的地位。车在街上走，总像是车夫领导着，时而左，时而右，时而快，时而慢，坐车的由他拉，甚至于好像是由他摆布。实际上这领导权决不在车夫身上，而在坐车的人身上。从甲街到乙街，是坐车的人的主意，不是拉车的人的主意；拉车的人自己没有主意，也不应当有主意。与其说是拉车的人把坐车的人拉到了乙街，毋宁说是坐车的人把拉车的人拉到了乙街，拉车的人自己并不要到乙街，是坐车的人拉他去的。政治家如果懂得这个最简单的比喻，对于民观的政治也就思过半了。

这便是题目中所称两般适用的第二般。适用的场合虽有不同，精神只是一个，就是客观。在治学的场合里既有人分别叫做物观，在治人的场合里我们也不妨另外叫做民观。《国语》上有一段富有民观意味的故训是两千年来谁都知道而至今还没有真能实行的，就是召公谏周厉王不要止谤的一番话。我姑且不厌重复地征引一下做一个结束。“厉王虐，国人谤王，召公告王曰，民不堪命矣。王怒，得卫巫，使监谤者，以告，则杀之。国人莫敢言，道路以目。王喜，告召公曰，吾能弭谤矣，乃不敢言。召公曰，是鄣之也；防民之口，甚于防川，川壅而溃，伤人必多，民亦如之。是故为川决之使导，为民宣之使言……而后王斟酌焉。是以事行而不悖。民之有口也，犹土之有山川也，财用于是乎出；犹其有原隰衍沃也，衣食于是乎生；口之宣言也，善败于是乎兴；行善而备败，所以阜财用衣食者也。夫民虑之于心，而宣之于口，成而行之，胡可壅也？若壅其口，其与能几何？”召公这话，原只是一番比论，比论是古代最通行的一种理论方法，没有很多的价值的。不过我们现在读去，不能不觉得这比论是一个很巧的凑合，一个物理与人理的凑合；召公至少知道川不应壅而应导，是多少懂得一些物理的本然与物力的自然的，也是多少能用物观的精神来应付水的。他也知道口不应防而应宣，是多少懂得一些民理的本然与民力的自然的，也是多少能把民观的精神适用到治道的。召公只知道二事有些仿佛，大可相提并论，我们却不妨把他的话当做“一种精神两般适用”的最早而最有趣的一个象征。

标榜了二十六七年的科学与民主在中国的实际情形又是怎样

呢？科学的成绩，我们不能说没有，特别是在抗战前的几年里；民主的成绩却很是可怜了。照上文的说法，科学与民主既然是一种精神的两般适用，则岂不是既有其一便应有其二么？又何以丰啬颇有不同呢？这其间的原因不止一个，而其中最大的一个，我以为就在当初从事于新思潮运动的人没有能够把“一种精神两般适用”的道理清楚地见到，拳拳地服膺，不厌辞费地把它指点出来，使成为运动的核心。唯其没有，所以那号称具有历史性的运动始终只是一个冲动性的运动，没有能把握住一般人的想象力，更没有能激发更多的人做比较长期而有组织的努力，使运动中人自己所得到的感召也有限而未能持久。也唯其没有，所以一部分运动中人与后起的青年虽有不少成为科学家的，而对于他们，科学只是科学，科学始终是他们唯一的“岗位”，唯一值得致力的园地；好像客观的精神单单适用于各个狭窄的学科的领域，而与政治渺不相涉似的。他们不但不为民主政治出一分力量，他们根本不问政治。科学家，或半生教读，或尽瘁研究，对政治真有如秦人之视越人肥瘠。如果门下的青年学生对政治表示几分兴趣，他们不特不加指导诱掖，使其应有的热情理想，得与其专业的陶冶并行而协调的发展，反而认为是多事，是不守本分，是兴风作浪，从而加以漠视，甚或加以申斥。不过这一部分的科学家，对于科学，可能还是能体用兼赅的，即于本行的理论与技术之外，还能兼顾到一般的科学精神的。可惜此种精神的表现又往往犯所谓自画的通病，即往往只以本人的专门科目或少数有关的科目为限，一出实验室，一离开书本，一放下数字，便是他们的“道德的放假日子”了。至于另一部分的科学家似乎仅仅注意到科学应用，科学的技术，穷则可以经营企业，独善其身；达则希望富国强兵，利兼天下，根本谈不到科学还有什么比较抽象的精神，对一般的人生还有什么陶熔的力量，那就更自郐而下了。也正唯当初没有把“一种精神两般适用”的道理弄清楚，所以运动中人，以至于受兵感召的后起的青年，虽也有不少加入实际政治的，而历年以来，对于政治的民主化曾无丝毫补益。他们中间也有不少以政治家的地位提倡科学的，但多番运动、几纸宣言、一大堆政令的结果，也无非是提倡科学的技术，着重科学对于国防与工业化的关系而已，和科学家的客观精神的培植不大相干，和此种精神的足以影响人群关系，促使从政的人能日趋于“民观”，及一般的民众因而日趋于自觉自主，更是风马牛之不相及。

总之，从本文的立场看，“五四”与新思潮运动可以说是失败了的，失败在科学的物观的客观精神没有能产生政治的民观的客观精神。二十六七年来政治局面的未能清明，未能踏上民主的道路，便是失败的一个铁证，而失败的责任要由政治人物与科学家分别负担。科学家所负的可能要在一半以上，因为政治人物虽未必了解民观的精神，而科学家对于物观的精神，决不能诿说不了解；了解而不能推广，不能充其类，便是他们的责任了。不过既往的不说，更不必归咎何人，第二次世界大战的经验也已经足够再度给我们一个教训了。这教训就是，单单注意技术的科学，以至于单单提倡精神上不能和政治发生联系的科学，无论强勉的成功到何种程度，是无补于国家民族的危亡的。墨索里尼何尝不知道利用科学的技术？日本的军阀与野心家也何尝不知？希特勒与其爪牙以至于整个的德国民族，更是这方面的第一流老手。这三国的科学家，虽不自爱惜，为虎作伥，但也何尝不了解一些上文所称的自画的科学精神与科学方法？试问，这半年来身受相当于亡国的痛楚而大为天下僇笑的又是谁来。

（选自《自由之路》，商务印书馆 1946 年版）

说“说人话”

说人话是天下第一件难事。人似乎是一种最容易见异思迁的动物。旧时，说也奇怪，他要是对于某种事物，不管是真实的或虚构的，只要一入了魔，却又极不容易把自己能救出来。这两种倾向都可以教人不说人话。

因为见异思迁，下棋的时候一心想射鸿鹄；住在江南，总以为江南好江北还好；对于甲境地，甲时间，甲事物，总觉得浅薄无聊，而永远憧憬着乙境地，乙时间，乙事物……充其极，便是把目前一个人自己所处的环境，所居的时代，甚至于把自己的人的身份与资格都抛向九霄云外。在这种心态下的行为，不用说，自然都不是人的行为，说的话也不是人话。

假定见异而迁的结果，一面既发见新的不久也就变做旧的，而旧的反见得翻新，离开了人境终于觉得人境也有值得盘桓留恋的所在，倒也罢了。事实却又不然。离开了人境的人是不容易回老家的，要是以前的是“得陇望蜀”的心理，现在的却是“乐不思蜀”的心理了。这心理就是上文所说的入魔，一入了魔道，一个人说的话自然更变本加厉、积重难返地不是人话。

职是之故，举世滔滔的无非是一些神话，仙话，佛话，鬼话；

是烧饼歌，是推背图，是一些海外奇谈，是一些家门丑事；是一些权势面前的谈词，财神面前的祷祝；是一些极合逻辑的学说，是一些不通世故的主义；是一些黄金时代的梦呓，是一些乌托新邦的胡说霸道——只没有半句人话。

（选自《人言》1934 年 2 月 17 日第 1 卷第 1 期）

疾病的社会性

上海的医生似乎已经有过剩的趋势了，只要一看报纸上各医生所登的广告，标新立异、钩心斗角、说尽种种好话，也不难知他们职业竞争的剧烈。此地所称的过剩，当然亦是相对地说，因为上海有三百多万人口，而业医的初不过一千五百六十八人，其中华籍者一五一八人，外籍者五十人（见罗志如《统计表中之上海》，大概为已登记者），平均每十万人中有医师约五十一人强，较之美国每十万人有医师一百二十七人、奥国一百十四人、英国一百十一人、瑞士八十人、丹麦七十人，尚不及远甚，论理不能算多；但事实上因诊金之高等种种原因，此一五六八人所诊治接触者，实在只限于在人口比例上比较数量较小的中等和上等阶级而已。因为这样，过剩的现象，便很显著了。

在这种近于过剩的局面之下，我们愿意体谅医师们处境之苦，但医师们却不应以此作为减低他们应守的道德标准的借词。然而医德的堕落，终于成为一种很显著的现象。除了偶然在报纸上透露的医师自己的互相攻讦、帮助堕胎等不说，单从报纸来说，也够使我们吃惊。在外国西文报纸是找不出医生广告的，不晓得这是否出于国家的禁令，抑或出于职业道德（professional ethics）使然，但要为很合理的事。退一步说，就是登广告，也应该有个分寸，起码不应该同电影院或滑头商人专在欺骗诱惑上用功夫。譬如说，像“当日见效，十天完痊”，或“包除”“立除痛苦，迅速如愿断根”，或“本医师特自美或德国带回最新式机器……”等话，就不应有。这类话，我们不知道，与“泰山道人特自四川某某山炼制异丹，普济众生，百发百中”有何区别。我们也很奇怪，官府对此既不加以禁止，而什么医师公会等，也只忙于新旧之争，似乎很少有过加以裁制的表示。

医师诊金之高，也是极显著的现象，尤其是那些专攻一科和那些有名望的。正如旧式伶人之与包银的大小，诊金与医师显然已经成为一种正比的关系。尽管慈善为怀，为维持其身价计，诊金势不能减低，往往一次出诊之费或手术费，便足供贫人一年的需用。受诊金的影响最甚的，是那些比较贫苦的人。他们平常所入，原不过糊口，一旦患病以后，当然无从得入这种身价高的医师之门。于是小病他们就拼着过了，如果病重，则大约不是求神拜佛讨仙方吃，便是请教于那些只读汤头秘诀或在看护学校读过书的医生。因此而冤枉死的，固然谁也举不出一个数字来；但其数字之巨，是不难想象而得的。医师的身价观念一成后，服务的观念便不由不逐渐淡漠，于是乎有星期日不诊的可笑的规定，就是慈善机关所创立的医院，也有星期一、三、五只诊皮肤、口鼻咽喉等，二、四、六只诊内症、神经病等等不合理的条例。

医德的堕落以至于诊金过高、身价观念等，都要医师个人来负责，当然太不免过火了些。我们认为，这个问题的根本症结，还是个制度问题，或者说是观点问题。一向我们都把疾病看做个人的事，个人应负责任（正如我们从前对犯罪的人一样）。因之在医师们，也就不免把行医看做纯粹个人间的私事，既属私事，对社会当属无责任可言。因有把疾病看做个人的事，所以穷人生病以后，只有自叹命薄，没有向社会要求诊治的权利，活算是他的幸运，死了也没有任何人觉得有些不安于心。这种观点，显然是错误的：第一，疾病之来，不是个人的责任，例如营养不良；第二，疾病影响所及不限于个人，传染病不消说了；假如病者是一家的生产者，则全家的衣食便马上发生问题。而且事实上，无论是共产主义的苏联，抑或是资本主义的欧美诸邦，都有一种把个人的疾病看做社会的责任的倾向。在苏联所有疾病的诊治及医药都是不取费的，在欧洲诸国大抵都有健康保险的制度，尤其是在德国，凡被保险者，无论其诊治、住医院以至于请专家诊察，概不取费，而且一家都能同叨实惠，1929 年德国所支疾病救济金达四万万一千五百万元。美国虽没有健康保险制度；但政府每年总得支出巨额公共卫生费，例如 1929 年为五万万零九百五十万元。这种种设施的理论根据，便是认疾病为社会的事。只有把疾病应由个人负责的观念打破了以后，我们才可有希望去提高那日在下落的医业道德；只有把疾病看做社会的事以后，我们才有理由去“统制”医师的营业。

（选自《华年》1934 年 4 月 28 日第 3 卷第 17 期）

相信预言者的忐忑

民族历史的意识，一天一天地沉下去；而对于预言的信仰却一天强似一天地发达起来。这也不能不说是当代怪现象之一了。中国人是本来很欢喜听预言的，但因为同时也富有历史的意识，很能讲求鉴古证今、惩前毖后的道理，所以一面虽有一部分人在那里妄生希冀，一面便另有一部分人在那里脚踏实地、深虞陨越地做去；民族的所以能有这样的悠久的历史，也未始不是此等人努力的结果。就国事而论，固然如此，就个人的生活而论，也未尝不如此，一面在那里求签问卜、看相谈命的人虽多，一面"不问收获，但问耕耘""一息尚存，此心不懈""鞠躬尽瘁，死而后已"的人，也不在少数。

自然任何民族里有这两种人，也是任何时代里有这两种人。但这两种人的数量上的多寡，往往可以断定一个民族在一个时代里的兴衰消长。前一种人特多，凡事以愿望代替努力，以梦境代替现实，结果自然是一个衰落；要是后一种人比较擅场，凡事积极应付，甚至于明知其不可为而犹欲为之，有切实的方针目标，而无空洞的理想梦幻，结果自然是一个循序渐进的局面。我们深怕目前的中国民族里，前一种的人有一天多似一天的趋势。近年以来，种种废除迷信而迷信愈多、打破偶像而偶像愈层出不穷的现象，在此中便可以寻到一个解释。

一切迷信之中，尤其废除不掉的是看相、谈命以及一切类似预言性质的行为；一切偶像之中，尤其是打不倒、击不破的是说这一类预言的人。最近不又来了一个匈牙利人与印度人合生出来的杂种女预言家么？她说中国前途无量，说不久中国人便可以一心一德、创造成一个黄金时代来。于是中国人便觉得异常兴奋，报纸上也再三替她揄扬，好像这黄金时代真快来到，或已经来到似的。不过在另外一天的谈话里，这位女预言家也说日、俄不久就要大战，而大战的结果是日本完全胜利，称霸东亚。我们不知道日本霸权下的黄金时代的中国，又是一个怎样四不像的东西！

（选自《华年》1934 年 6 月 16 日第 3 卷第 24 期）

正视科学

——"五四"二十八周年作

我认为二十八年前的五四运动是失败了的，至少是开了头而接着不曾有下文的。当时以科学与民治两事相号召，如今我们把科学与民治的成就大致看一下，就不由得不作这样一个结论。

失败的原因，似乎还不止没有能继续努力的一层，我们当时以及后来对于科学的提倡可能还有若干看法上的错误。继续努力，固然应当；改正错误，更有必要。

我们通常谈到科学，总有一个弊病，就是太含混。其实它至少代表着三种很不相同的努力，而三种努力的价值也颇有不同。一是科学精神的培养，目的在造成更良好的人生态度与风格。二是科学研究的推进，其功用有两方面，一壁是好奇心理或求知欲望的满足，一壁是对于宇宙间一切事物的了解的增加。三是科学的实际应用，即把所已了解的事物中蕴蓄着的力量驾驭起来，使产生种种利用厚生的果实。三者自都有其价值与需要，不过从人生意义的立场来看，最关重要的无疑是第一种努力。以可能获益的人数来讲，也是以第一种为最多。能做第二种努力而获取心理上的满足的人显然是最少。能享受第三种努力的结果的人虽多，能从事于发明创制的也究属有限。只有第一种的努力，是比较的人人可以参加，也人人可以收获一些果子；至少在企求民治的社会里，我们不能没有这样一个假定，否则民治便无从谈起；而科学与民治恰好又是当初五四运动所相提并论的两样东西，并且这两样东西事实上只是一样，此说已详述于我在两年前所写的一篇纪念稿(《自由之路》中《一种精神两般适用》一文)里，兹不再赘。

五四运动以来的科学提倡，绳以上文的看法，显然是犯了舍本逐末的毛病的。第二种努力有一些，但不多，离开了少数研究机关及大学校，便说不上。第三种努力比较多些，但也是说得多，做得少；鼓吹得多，实行得少。工科教育的提倡，科学运动周一类的吹吹打打，都属于这一路的努力；其目的在工业化，在富国，在强兵，说来也未尝不正大，但终因缺乏第二种努力的根基，即理论与研究的根基，而未能有多大的成绩。不过最付阙如的还是第一种努力。一般教育的不普及，固然是一大事实，但即就已经受大中学教育的人而论，以至于单单就受过理工教育的少数专家而论，我们又找得到几个看事能比较客观、论事能比较谨严、而处事能比较持平的呢？约言之，在已往二三十年里，所谓科学精神或风度这样东西，并没有在教育场合里露过多少面，甚至于根本没有从理工专家的各个园地踱出来过。这真是一大挂漏，而是今后第一应当弥补的。我们也应知三种努力之中，二三两种是多少可以享用现成的，科学知识与科学器材都可以从外国现成输入，我们甚至于可以把外国科学家工程师整批地请来，至于第一种，则非自己出马、自己倡导与自己学习不可，别人决不能越俎代谋。

“五四”以来我们对于科学运动的又一个错误是多少把它偶像化了。“五四”要号召的是科学与民治，当初不就有人把它们分别喊做“赛先生”和“德先生”么？以先生称呼科学，是人格化，是偶像化的第一步。此种称谓上的玩弄花样虽属文人常事，不足为奇，如果用在文学的场合，是很生动而引人入胜的；但如用在这样一个场合，一个事关正名的场合，则上有好、下必有甚，那危险性就非常之大。上有好，可以把科学人格化；下必有甚，就不免把它偶像化。在举世依然十分瞩目于科学之“知”与“用”的今日，在有人可以挟了原子弹的威力来劫持国际形势的今日，这偶像化的趋势便更有希望变本加厉，牢不可破，特别是在科学落后而望尘莫及的中国。

何以说事关正名？这是需要一番说明的。真正懂得一些科学精神的人认为科学与偶像是一个名词上的矛盾。科学自身是无法成为一种偶像的。它和世间所认为偶像的事物完全属于两个范畴，真是风马牛不相及。讲求科学精神的人决不偶像化任何东西，更不偶像化科学，也无意于打倒什么偶像，因为知道，只要科学精神逐渐传播开来，成为广泛的教育的一部分以后，所有世间的偶像便不打而自倒。唯有不了解此种精神的好事之徒，才借了科学之名，专做他们所谓破除迷信与打倒偶像的举动。此种假借名义的行动正足以证明此辈对于科学的信赖，是一种迷信，对科学的看法，是一种十足的偶像的看法，科学在他们身上所打动的，不是清明的理智，不是和平的心气，而是一番热情，一阵肝火，所以，在他们看来，才有破除其他迷信打倒其他偶像的必要；谁都知道信仰与偶像总是一元的，自己不甘偏安，对人不能两立；试问科学的精神又岂是这样的一套？若有人问，何以确知“五四”以后的一部分中国人已经把科学偶像化，上文的话便是一个最直截了当的答复。

一切偶像化有它的弊病，而科学的偶像化尤甚，正因为它是“科学的”，也因为迷信科学与加以偶像化的人不自知其迷信，与未尝不自以为科学是无法偶像化的。唯其如此，于是科学在学术思想界以至于一般文化中的地位，由武断抹杀而至于称霸独占。宗教当然是不要了，校学似乎也无所用之。驯至一切比较古老与传统的东西，亦即近代所称人文学科所包括的种种，都成为不科学的，因而也就是要不得的。所谓智识分子既以敌视的态度倡导于前，一般激进的分子自更从而破除这个与打倒那个于后。今日局面的藩篱尽撤，标准荡然，原因虽不止一端，这对于科学的迷信心理所养成与表现的排斥性与破坏性不能不说是很重要的一个。外人喜欢称我们的五四运动为中国的文艺复兴，有人以为是一种过奖，我却以为是一个错误，是一个比拟不伦。其他方面的努力，如语体文的推行，可能有些复兴文艺的功效，但科学的偶像化却没有分，它对于文艺和一般的人文学科有的只是一番摧杀败坏的力量而已。否则时至今日，又何以有些人，甚至于和当初五四运动不无瓜葛的人，还在提醒着说，中国当前的需要，是一个真正的启明运动呢？

不错，我们要一个启明运动，而在这运动里，必须把科学对于人生意义最有贡献的那一部分努力，有如上文第一层中所论，重新倡导开来，推广出去。也必须把第二层所论的偶像化的趋势根本革除；即使当初五四运动不直接担负这偶像化的责任，至少今日纪念“五四”的人不能不把这革除的责任担负起来，也就是把科学在人生中应有的地位，重新认识一个清楚，把它和其他文化活动的相须相成的关系，再度指点一个明白；也就是把科学的真正性能，如存疑而不武断，宽容而不排斥，通达而不蔽锢……一类同一精神的许多不同的说法，再一次的发挥一个透彻。再约言之，我们要于提倡科学之际，特别措意到它对于生活的自由化（liberalizing）的影响。自由化的影响相当渗透之日，也就是我们民治的基础终于奠定之时。“五四”的值得纪念，更值得反省，而我们于纪念反省之余，值得卷土重来者，在此。

（选自 1947 年 4 月 28 日《燕京新闻·“五四”纪念特刊》）

南行记感

一年不到南方去了，这次因为教育部召开联合国教育科学文化组织中国委员会的成立会，走了一趟。成立会本身虽只有两天，旅途飞机来回也只占两天；但公私事务羁缠，不得不在京沪苏杭间来回跋涉；各处又都小有停留，少则两三日，多则六七日，前后合计，竟将近四十日。

成立会的经过，毋庸我在这里叙述，自有正式的报告可读。可说的是，历年我在重庆、南京所参加的会虽不多，这一次要算是在时间上最经济的。短短的两日里，似乎把应办的都办了。原因之一在筹备工作做得比较周到。事前有准备，临事就不致拖延；无疑的，行政在这方面的经验是加多了。开会的仪式也简单化了，可以说无甚仪式，因此，宗教的意味也就省却。我不反对宗教，也不反对宗教有仪式，但它们应别有场合，不宜与政治、教育的场合相混。原因很简单，就是我们不愿意退回到欧洲的中古时代去，在那时候，宗教、政治、教育是纠缠在一起过的；文艺复兴以还的西洋如果有什么进步可言，就在把这番纠缠弄清楚了，做成了宗教是宗教、政治是政治、教育是教育比较界限分明的各自发展的局面。

会议有长官致词，也许是在形式与人情上所不可少的。但致词的人还嫌太多。即如这次有考试、立法两院院长致词，考试院是会议所在地，因地主关系，请院长说几句，是情理内可有的事；但立法院似乎很不相干，不知何以非请来不可。所致的词又依然不免两种毛病。一是太冗长，考试院长的词事实上是一大篇演讲，关于中国传统文化的演讲，恐怕讲了将近一个钟头，解释会场所在地的明远楼的“明远”二字，就占了很多的时间，并且可能解释错了。考试院的建筑沿用旧日科举时代试院建筑的名称，也有明远楼，也有衡鉴堂等，据讲词中的解释，“明远”二字的来源是诸葛武侯“澹泊明志，宁静致远”的两句话。其实恐不然。记得《论语》上有“浸润之谮，肤受之诉，不行……可谓明……可谓远……”的一段文字，要考官能不受谮与诉的影响，那考试才能客观公平，才不失考试的真义。至公堂的至公，衡鉴堂的衡鉴，也与此同一意义。考试是很现实的一件事，国家为政治需要人才，人才亦需要有以自见，两相凑合，于是就有了考试的制度。不用说，从事举业与考试的人是相当的热衷的，为名声、为地位以至于为生计，他不得不热衷，适度的热衷也是情理内应有的事；但这毕竟与隆中高卧的光景不同，与澹泊宁静的心情异趣。即此也就可知“明远”二字的来源大约在彼而不在此了。致词的另一毛病是客气敷衍，立法院长自己没有来，派了一位代表出席，这位代表说的全是客气敷衍的话，谁也可以说，也就可以不说。不过有一点总是进步的，从前动辄称训话或致训的，现在称致词，因此，到场的人也没有恭聆的义务。

南京的会还是多得不得了。从前在重庆这样，现在还是这样。在重庆，似乎因为会议太多，弄得秋凉季节也还十分炎热。记得有朋友写着打油诗说："长安会议喧于市，热气呵来满地吹。"这两句诗对今日的南京也还适用。我固然只参加了一个仅仅开了两天的集会，但有的朋友所参加的不止一个，有连续参加至三四个，而有的会期是多至十日半月的。有一位上海朋友就是这样，见面问起，直摇头，意思是连开会都忙不过来，实际的工作自无从谈起。这位朋友是一个大公司的老板，和公司里人谈话，也说这一个月来，老板始终在南京开会，顾不到公司的事务。记得做学生的时候，时常参加各种课外作业的集会，先母告诫着说：人不是蛔虫，何以作此生涯；事隔三十年，不想此种生涯，竟成一大部分人士生涯的常轨。

南行的第二个目的是替学校访书，访线装的旧书。为此，南京而外，又到了上海、苏杭等地。八年抗战，毁损的文物图书固然很多，究因历代积聚得丰富，幸存的数量也还不少。这在市场上可以看得出来，看了私家的收藏更自清楚。私家藏书，在没有公共图书馆的前代，原是很好的一种风气，也是不得不有的一种风气。今后的形势显然是不同了。公家图书馆的制度逐渐建立以后，私人藏书的需要，在理论上本应该减少；就抗战前后二三十年来的政治经济的环境言之，此种藏书的努力事实上也确乎无法维持。不能维持，结果就是散，以至于失。既不能维持，而又欲避免散失，唯一的途径是转移到公家图书馆的手里，送赠可，售卖亦可，总以整批转移为原则；否则前途的失不失纵无从存问，散总是注定了的；而既散之后，要公家图书馆再事搜罗，使散者复归于聚，便又须消耗不知多少的人力物力了。

图书归公家典藏以后，是否能永久保存不再散失，这当然是无法肯定作答的。我们只能说，公家合力收藏大概要比私人各自收藏好一些。这是一个纷乱到不再有任何重心的时代，如果有一个重心，而此重心者多少具备一些不可侵犯的威信。有如欧洲中古时代的教会与修院，使文物图书可以有一个最后的归宿，那我的话还可以说得更肯定一些；中古欧洲的文物就是这样保留下来的。如今这一类的重心既然没有，以后怕也不会再有，则纷乱到极度以后，结果总有一个玉石俱焚。图书存在私人家里也罢，图书馆里也罢，以至于教堂寺庙里也罢，炸弹与一般的战火是没有眼睛的，好战的人也是不辨青红皂白的。想到这里，真叫人不寒而栗。如果世界再经过一次浩劫，就中国一国而论，如果目前纷扰的局面无限期地继续下去，则前途的劫余一定还比不上经过了黑暗时代的欧洲。因为，当时整个的欧洲固然黑暗，散在各地的教会修院，特别是修院，总还保留着一线光明，或埋藏着一些前途可以发光的东西。今后连这个机会怕就不会有了。

不到一年前，报纸上说到一位有钱的美国人发了一个宏愿，想把目前人类已有的图籍，择要缩摄成大量的影片，深埋在一千五百尺的地下，准备几千年后有人挖掘出来，成为考古学者的无上发现。看来要使人类已有的文明遗业得以留传十之一二，可走的也只有这样一条路了。但把握依然是没有的。毁灭的力量未尝不能达到一千五百尺以至于更深的地层，此其一。数千年以后，地球上是否再有那一种动物，叫做人，人中间又有那比较奇特的一派，叫做考古学家，在目前趋势之下，也正无法作肯定的答复，此其二。即使都有，彼时的文明里是否还保持着电光的运用，得以放大影片的内容，从而从容展读。我们也不得而知，此其三。如此大量的缩摄工作，又是谈何容易？可能摄制不到百分之一的时候，大劫便已临头，此其四。其实转念一想，我们又何必顾虑得如此其远到呢？那位有钱的大善士想这样做，似乎多少已经料定人类已有的文明，无论目前如何轰轰烈烈，也正唯其轰轰烈烈，轰轰是爆声，烈烈是火光，前途必有寂灭的一日；及其既经寂灭，则数千百年后即使还有人存在，有人发现，怕除了万一地唤起一些惊诧与凭吊的情绪而外，其他积极的作用是不会有的。换言之，前途真正良好的保存办法是没有的，除非当下的人类幡然变计，放下屠刀。

再回头看把大批图书向公家出让的人家，从而替他们想想，也可以引起不少的枨触。祖若父历年以至于历世辛苦累积的一些心血，一朝不得不拱手让人，眼看别人点装捆载而去，这举动本身便已足够叫人伤感。如果出让所取的方式是赠送，那光景又可以见得好些：孝子慈孙，不忍见祖宗的手泽与遗物，因离乱而归于散佚，把它们寄赠到一个比较妥当的所在，对一己心理上可以少安，对外界又多少可以博得一个慷慨仗义的声誉，于祖宗与自己都有几分光彩，当然是好的。但即使在这种方式下出让，背景里也总有好几分“不得不”的理由存在，大凡附带着“不得不”的条件的举措总是不痛快的。因为兵荒马乱的威胁而怕散失，便是一种“不得不”。赠送而不出卖，表示这家人家的经济情形还比较过得去，至少算盘还无须打到祖宗心爱的文物上去；但在此动乱的时代，人与家的播迁性特别大，而一家经济能力有限，势不能叫大批的图书随同播迁，亦即等于无法照顾，而归宿于鼠啮、蠹蚀、霉腐的一途；至于遭火灾，逢水厄，被偷窃或劫夺当燃料的际遇还不算在内。为此而立意把旧藏出赠，显而易见也是“不得不”的了。所谓照顾，即使治安无碍，家宅晏然，一年一度的清点、整理、晒曝，又岂是容易的事？时间、劳动、经济等条件，目前即在中产之家，也无法供应。这次有一家朋友想出售旧藏，至少口头提出的“不得不”的理由就是无法照顾。

至于不得不出售的真实理由，其为“不得不”，更是显然，也是更可以教人感喟。经济的穷迫已经到一个程度，不能不打算到祖宗头上，是理由之一。如果把祖宗坟地的出卖除外，在所谓士大夫或读书人家的一界里，此种穷困的程度不能不算是一个极度了。不过有趣的是此种穷窘的光景有时候也不完全是经济的。例如我所接触的有一家多少还是一个地主，论道理不是他们可以先把田地卖掉么？但田地在今日已不是一种生利的东西，而是一个分利的赘疣，根本没有人问津。去年此日我经行同一的地域，知道一万元一亩地还卖不出去，今年的情形我没有问，大概好不了多少；什么货物都在惊心动魄的飞升，乡间土地近期内不会轮到的。算来只有图书，虽则便宜，也还可以换取一笔比较可以派用处的现款。至于派什么用处呢？说来又是和家庭的经济没有什么直接关系。这家人家虽清苦，事实上还没有到一个饔飧不继的地步；但这家的老人，就是藏书的主人，尸骨未寒，公家便上门征收遗产税，一算就是好几万（不生利而卖不出去的田地自然算在里面），又催得急如星火；为应付这个，卖书也就成为必要了。

经济上，一部分也可以说政治上，迫使人家把祖宗的心血出卖，是较大的“不得不”的一个。此外还不妨说有两个。一是社会的，就是旧式家庭的解体。旧式家庭的人事关系解体了，其原有的文物累积自也无法维持于不败。文物解体的趋势本来就有，即在旧家庭组织未曾衰落之日就有，皮上的毛总是要脱落的，何况皮之不存呢？以前故家大族喜欢藏书，原是一种风气，在藏书的当事人也未尝不知前途必有易主的一日，但此种人的态度却可以有不同的两个：一是比较看得开的，或至少装做看得开的，他们在藏书的印记上大抵会刻上“曾在某某人家”，或“曾在某某人处”一类字样；又一是看不开的，印记上必然要三令五申地责成子孙永久保存，对于弗克负荷的子孙，至于不惜预先责斥诅咒。但诅咒由他诅咒，好书还是不断地会变成鸦片烟膏，变成妓女的缠头、赌场的孤注，终于散了出来。不过从大处看，这不但无所用其伤感，反而值得欢迎。文物原该是流通而公诸同好的。楚弓无妨人得，文物尤其如此。但这里有一个条件，就是要比较久远的使文物能公诸同好，我们总希望公家要争气，公家的组织与生活要上轨道，公家的典藏要有方法，要真正公开，其间丝毫不应有居奇垄断的意味，否则便和私家储藏无异了。

又一个“不得不”的理由是文化与教育的。“五四”以还，尽管一部分文教的领袖认为风气所趋，已经替国家旧有的文物，开了一条重新估价、整理与食古而化的路，但对于青年人一般的影响是，瞧不起线装书与线装书所包容的一切。这不能不说是很不幸的。旧书店的生涯冷落，门可罗雀，图书馆里木版书籍少人借阅，等于束诸高阁，大学的中国文学系，选修与专修的学生屈指可数，而此少数选修与专修的人不免被人看作落伍、反动、冬烘、陈腐——又何尝不是这风气的一部分呢？最近北方某一造纸厂开工，琉璃厂里比较少人过问的旧书已经大量地称斤称担流出来，变成了以吨计算的纸浆，这风气更是见得泱泱了。一般的风气如此，而欲于少数家庭之间，指望儿子能读父书，箕裘克绍，当然也是不可能的。子孙出卖祖先所最心爱的遗物，固然由于种种的“不得已”，有如上文所列叙；但若少数例子，不因此种风气的影响，而于旧文物犹有几分爱不忍释的心理，一些抱残守缺的志愿，则局面又自不同了。但潮流风气毕竟是移人的，尤其是在昌言顺应潮流、深怕被人讥弹为落伍的今日，这种少数例子也就成为仅有而绝无了。此其为“不得不”，由外言之是教育与文化的，由内言之，却是心理的。外缘的逼迫终于养成了一种内心的未必自觉的驱策。

这第三种较大的“不得不”，倒是一种隐忧。此种鄙夷旧文物的风气与心理既存在，并且是牢不可破，我们不能不有的疑问是，即使所有私家搜藏的文物图书悉数让归公家，并且典藏得十分周密，试问除了极少数的鉴赏家与考据家摩挲钻擘而外又有几许用处，而此极少数人摩挲钻研的对一般的文教生活又有几许贡献，几许作用。除了对于这极少数人多添了些许检阅的方便而外，不和放在私人家里没有多大分别么？所谓今日的图书馆，不依然等于旧日的藏书楼或藏经阁么？

拉杂写感想是没有完的。就算写了这两点吧，都算是和我这次南行的公事有关。在关于私家藏书的外流一点里，我说了许多“不得不”的话。如果健全的个人生活与社会生活应该建筑在充分自觉的心理、自主的志愿与自动的行为之上，则可知一切文化的努力应集中于减少此种“不得不”的情境。私家藏书的流出如此，其他方面亦莫不如此。

（选自 1947 年 10 月 23 日《益世报·社会研究》）

救救图书

记得做学生的时候，某一次演说比赛会里夺得锦标的是以“敬惜字纸”做题目的一篇演讲；至于得奖的人，说来想读者大都认识，就是当代话剧作家洪深先生。洪先生的所以占优胜，一半固然由于他的口才好，一半却因为他的题目出奇，不是大得出奇，而是小得出奇；别人发挥的是有关天下国家涉及文章经济的大题目，他的却是五十年前在任何字簏上可以看见而在他演说的年头谁也已经不再注意的四个字。

说起敬惜字纸，我又想起一回事。在外国读书的时候，有一位经济学教授对中国学生特别客气。我并不选读他的课，但有一年的寒假里，他非请我到他乡间小小的别业里去吃晚饭不可。这顿晚饭的印象至今还很深刻：一则他的牛排做得特别好，二十多年来还没吃到比那一次更好的；再则在饭后的闲谈里，我发见了他为什么一定要如此款待我。他瞧得起中国与中国人，是不消再说的。他瞧得起中国的文化，尤其是中国人对于一切旧有的文物所表现的一种郑重的态度。他认为这是西洋人所不可及的。他说西洋人以宗教为宗教，中国人则以文化为宗教，那境界便高出一筹。我问他有什么证据，他说“敬惜字纸”的四字教训便足够加以证明。

我提到这两件旧事，并不是想重弹敬惜字纸的旧调，或再度唤起敬惜字纸的富有宗教性的情绪。目前虽还有人不敢或不忍糟蹋有字之纸，我自己就是属于不忍的一方面的一个，但就一般的情形说，这种旧调重弹的努力是不再需要的，弹了也是不发生效力的。我的用意只是把这两件旧事做个引子，要请读者注意到近来旧书籍特别是木版书或线装书的大量消灭的一个现象。如果以前对于字纸的那般珍惜是一个极端，近顷对于书籍的这样糟蹋便是另一个极端；那一个是“前恭”，此一个是“后倨”，短短数十年之间何以会有这样一个急剧的转变，虽值得探讨，我们目前姑且不管；不过以旧时的“恭”例今日的“倨”，做个说话的引子，倒是很现成的。

抗战期间图书大量的毁损，虽出人为，我们还可以认为是无可奈何的一件事，至少，在稍有知识略微懂得爱护文物的人决没有自动加以摧残的情形。敌人的暴行虽多，此种故意摧毁的行为也不多见。他们可以捆载而去，据为已有，但东西总还仍在，近来陆续收回的数量也很有一些。不过胜利后我们所知道的许多损失不属于这一路。它们是由于自动摧残而来的；而此种摧残，如果不是人谋不臧，是完全可以避免的。

南方的情形我不大知道，但半年来北方旧书市场的情形，耳闻目睹，真可以教人寒心。旧书的销路本来不会太好。一切旧东西不合潮流，难得有人问津，显而易见是最大的一个原因。大中学生读惯了白话文，视文言文为畏途，也未始不是原因之一。经济的原因我们当然不会忘记，大凡能看书与想看书的人也就是经济上没有多大出息的人；在饔飧不继的今日，自更不会有搜购书籍的余力。图书馆，无论是政府或地方设立的或公私学校的，购书的预算也一天小似一天，有若干图书馆近来根本不事添购。

因为这种种情形，旧书的价格就根本涨不起来，销路本来有限，还经得起涨价么？胜利以来，书价固然也涨了不少的倍数，但此种倍数，在一切看涨的事物里，无论如何要算是最低的了。唯一差可比拟的是学校教师薪津所涨的倍数。有人说，教师拿薪津买书是最合适的，因为彼此的倍数差不多。这是书业商人可以引为自慰的，因为这正合着一句老话：德不孤，必有邻。但所以自慰的下文亦正所以自伤，因为教师们还有糊口的需要；薪津的倍数尽管追不上米面价的倍数，在他也不得不买，薪津的倍数尽管接近书价的倍数，在他只好望洋兴叹。

不过书业商人也未尝没有糊口的必要。书固然卖不出去，但书幸而是纸做的，纸的用途到今日还没有断绝。在不讲求“敬惜字纸”的时代，纸的用途实际上反而添了许多。即使有字之纸的用途有限，纸所由造成的原料，所谓纤维也者，还是前途无量。有字的纸一经捣烂，漂白，造成纸浆，送进机器，便可以变为更白净更光亮的纸。恰巧一年来国内又闹着纸荒。因为外汇关系，外纸进口既不能没有限制，纸浆的进口来源也不旺，国内造纸的原料因为战事及交通的阻碍，又未能供运自如，于是拾荒、缝穷、买破旧多少已成习惯的我们便把主意打到旧书头上。

到底有多少旧书籍变成了新纸浆，我们无法知道。书业商人，迫于饥饿而忍痛出此，自然也不愿意告诉我们，我们也不忍追问。我知道北平琉璃厂有一家书店称斤出卖的旧书原先是装满了七间房子的，现在这七间房子早已空了。这七间房子里的内容，根据物质不灭的原理，想来已经变成了分量相等的大批的白报纸。

统计虽然没有，但一般形势的严重也大可以从最近书业同人向政府的呼吁里看出来。据闻他们曾议决三点，托胡适之先生因到京之便转陈教育当局：一是贷款给书业商人，借以维持周转；二是宽筹各图书馆的预算，使能广事搜购；三是减轻书籍的运价。我认为这三点都是值得我们表示同情与赞助的。又据闻政府也愿意郑重考虑及此，特别是第二点。关于第一点，因为近来政府明令停止对一切工商业的贷款，恐怕做不到。不过许多的贷款，事实上等于救济，不救济的结果无非是吃尽当光，别的行业的吃尽当光容有恢复的一日，旧书的吃尽当光是万劫而不复的。政府所以停止一切贷款原因之一，是怕人囤积垄断，旧书根本没有多少可供囤积，且此种囤积也不能和其他货物的囤积视同一例，多囤积几种旧书该可以为国家文化多保留几分元气。这也未始不是贷款应在此方面特别开放的一个理由。

我们对于旧书的存亡聚散可以有好几种不同的看法。最大而化之的看法可以从上文提到过的物质不灭的原理出发，认为书籍与纸浆的关系好比沧海与桑田的关系一样，任他们变来变去，不关宏旨。其次是一味讲求进步与维新的看法，认为以前种种譬如昨日死，以后种种譬如今日生，旧书毁灭，新书肇兴，文化演进，不特理有应然，并且势有必至。有这两种看法里的一种的朋友们大概认为“救救书籍”的这番呼吁是多事的。其次一个看法则属于另一极端，即近乎“敬惜字纸”的一路。有这种看法的朋友近来大概是绝无仅有的了。即鼓吹保存国粹的人近来也一天少似一天。不过我相信大多数读者都不会坚决地采取这三种看法里的一种，他们大概认为新的有价值的东西固然应当尽量争取，旧的有价值的事物也一样应当尽量地保全；旧书的价值固然参差不齐，目前不分皂白的毁灭总是一件扼腕的事。果真如此，则“救救图书”的这一个呼吁该不至于完全落一个空。

（选自 1948 年 1 月 21 日《益世报·专论》）

五

旅途总有几分春暖秋凉

一本有趣的年谱

胡适之先生最近把他父亲钝夫先生手述的年谱稿给我看，并且要我告诉他一些感想。他新近搬了家，会见不容易；只得把我所见到的，拉杂写在下面，权当面谈。

年谱容易做，却不容易讨好。把一个人的生平按了年月，就记忆或记载所及平铺直叙地写下来，自然并不很难。但是年谱不比传记或近年来西方盛行的自传，但凭一人经验的线索，而文字上别无结构布局，要教读的人发生兴趣，却是极难。

年谱是一种编年史。上文所说的困难，凡属编年式的文字都有。但是在各种编年的文字里，年谱还要算是容易讨好的。何以呢？没有两个人是生来一样的，没有两个人有完全相同的经验；所以不论一人事业的大小，品格的高下，地位的贵贱，只要写的人肯写得详细，写得琐碎，甚而至于把日常生活里的种种忌讳完全撇开；这样的一本年谱一定可观，一定可以引人入胜。但是普通所见到的年谱不肯详细，不肯琐碎，不肯打破种种客气忌讳，结果，最多只好做国史馆造传时采访之用，丝毫没有文学的价值。至于何以有这许多弊病，这里用不着解释，他们是历来中国传记文学所有的通病，不止年谱一端。不过年谱既限于格式的呆板，又犯了传记文学简陋粉饰的通病，越发不值得一读罢了。

钝夫先生的年谱，在格式上和一般的年谱一样。五十年前的中国文化生活虽已经逐渐发生变化，但是文学上的改制还没有开端（这尚有待于适之先生）；凡是写自传的或详细一些的传记的，自然概取年谱的方式。但是在文字的内容上，钝夫先生却没有犯上文所说的通病。四十一年的事迹，用四万二千字叙述出来，平均每年一千字有余，不能不算详细。最初十年，可记的事实自然不多，若是不算在内，则每年平均几乎有一千五百字，更见得叙述的周密。谱中叙孩提时衣食的癖性，叙兄弟辈的身材高下，叙幼年同学姓氏，叙梦境应验，叙烧香还愿——不能不算琐碎。关于家庭细故，分家，闹意见，昆季叔伯间的锱铢必较，有一次某房叔祖几乎同作谱的人拼命——几乎无话不说，也足见不客气。

钝夫先生的生平，就年谱范围以内的说，可分做下面几个段落：

咸丰十年（二十岁）以前　读书和助理祖营茶叶

咸丰十年至同治三年（二十四岁）　洪杨之乱逃难

同治四年（二十五岁）至光绪二年（三十六岁）建筑宗祠

同治七年（二十八岁）至同治十年（三十一岁）龙门书院读书

光绪三年（三十七岁）至光绪六年（四十岁）　摒挡家事及地方事

光绪七年（四十一岁）——北行至京师及关外

这几个段落里，最长最重要的是“逃难”和“造祠堂”的两个。逃难占了四年，叙他的文字约占全篇四分之一。造祠堂前后占了十二年，文字约占全篇四分之一有余。次要的是龙门读书时期，占十二年中的三年，文字约占八分之一。逃难，造祠堂，读书既占了这许多篇幅，笔墨的详细琐碎，自然无须说得了。其余不到八分之三的篇幅所叙的都是零星的事实，也都有趣。

中国民族的文化是家庭文化，中国人个人的生活是家的生活，《钝夫年谱》可以做这两句话的注脚。近年来西洋社会学家竭力提倡所谓个案研究，《钝夫年谱》便是个可供个案研究再好没有的一种资料。尤其因为钝夫先生的家是一个中人之家，很可以做许许多多中国家庭的代表。世代读书，也兼营一些商业或农业；家计小康，但时常不免借债度日；子弟们大都有中上的资质，但一人勤奋，十人游惰，一人生产，十人分利；太平日子争些闲气，年荒世乱，各奔前程，真正能够顾全大局而始终以共存共荣的原则来做事的人，十人中也不过一二人。这种局面在《钝夫年谱》里可以看一个畅快。一则固然因为钝夫先生的笔墨比较能不客气，能据事直书，不稍忌讳，一则也因为所叙述的无非是你和我——至少是你和我的上世——所共有的经验；所以都能体会。

钝夫先生的一生几乎全部都交付给家族了。教育一端，为的是求个人的发展与位育，应该比较不受家族的支配了；但以前中国人的读书，为的是取功名利禄，取功名利禄，为的是要光大门楣，仰事俯蓄，终究是为了家族。理论上，以前求学问有好几个不同的目的。上焉者为学问求学问，别无作用，其次为做人求学问，最下的是为功名利禄求学问。钝夫先生那时候，凡习为举子业的人无一不存功名利禄的大欲；但是钝夫先生进了龙门书院，就竭力称赞院中求学的精神，他说当时同学们对于“理学，经学，史学，天文，历算，诗古文词，各擅长才，而仅仅工于时文，专揣摩举子业者，皆瞠乎其后”。后来他自己对于举子业确也不十分热心，五次入场，皆不中式，他也并不懊丧；有一次他本来不想入场，经家中人强而后可；足见三年龙门的修养是不徒然的，但是他在龙门未能久住，后来宗祠的工作日亟，必须他亲自回乡指挥经纪；他的老师刘先生又用“知及之”一章来坚决他的意志，使他只达到了“为做人求学问”的鹄的，而“做人”的领域又始终未出“家”的范围；这不但我们今日替他可惜，他自己在光绪三年的记载里，也有类似的表示。及宗祠工竣，正要继续用功，而同族谱、书院查账一类家事和地方事又纷至沓来，不由他不操心。钝夫先生是极喜欢研究地理的，但到了四十一岁的时候，他才有机会出远门，到东北去实地观察。可惜年谱到此，便戛然而止，教我们未窥见其造诣的究竟。适之先生《四十自述》的起点似乎刚好接上《钝夫年谱》的终点，但是他对于这一点并没有交代明白；读者的印象只以为他的父亲是一个理学家而已。

把读书的段落撇开了看，其余的毫不客气的是家庭文化的产果了。中国中人阶级的生活，在太平的时候，造祠堂，修家谱，大约要算最大的成就了。个人对于国家、地方、宗族或在操守上、言论上有什么贡献，结果也无非入祠堂、上家谱，传之百世，好教子孙辈观摩仿效。不太平的时候，似乎只有一件事好做——就是逃难。水灾旱灾，三年两头引起荒年；荒年的逃难是中国人司空见惯的事，要是我们自己没有经历过，我们的祖宗中间经历过的决不在少数。比荒年的次数来得少而影响来得大的是兵匪之灾。全部中国历史里，难得连着有几十年一些没有乱事的。内乱在中国是一种有时期性的现象，“三年一小乱，六十年一大乱，一百二十年一极大纷乱”一类的话，并不算形容过甚。

如今钝夫先生一生的两大段落恰恰代表着这积极消极的两个方面，可说再巧没有。造祠堂修家谱是中等人家最大的建设事业，而钝夫先生半生的心血，就耗费在他们上面，甚至于几乎把生命都拼在里面。

□□□□□钝夫者，曰，闻群不逞之徒各令铁匠制刀，期与□□□争。子不急转圜，危矣。钝夫不为动。越数日，言此者益众，并有查明某某等共八十余人已制利刀八十余口告者。钝夫自思，事已如此，惧则其势益张，乃急购大杉板，雇工人为制二棺，意以其一为先妣百年后之备，一即自备以待众人之刀也。先妣闻其事，诘责严切，钝夫从容解臂而勉慰之。私告玠弟曰，无惧也。吾如果被刺死，尔可以此棺殓吾尸。殡于宗祠之中堂。竭众人之财力造此宗祠，以居吾棺，吾死无憾矣。棺既成，钝夫乃遍告诸父老及各司事，移居宗祠账房以待之。

十月，惇汝伯，健甫叔偕其昆弟群从二十余人自休宁归，闻其事，颇咎众人卤莽，乃以好语来为族之贫者求宗祠恩免，冀仍得行其私见。钝夫笑曰，勿复言求也。众人已制利刀八十余口，吾亦预备棺木一口，专待诸公来以决一死。吾死，任诸公为之耳。惇汝伯语塞，健甫叔急为众人剖白并无制刀之事。时众人随入宗祠观听者数百，□□甚□□。钝夫复笑而问众中之欠捐者曰，子等新制□□□□□此时可动手矣。健甫恐激变，急叱令众退□□□曰，子疑吾等来与之拼命耶？对曰，非疑也。……今日为十月初七日，距十三升主吉日不过五日。吾不死。必梗诸伯叔之议，不速决计，恐诸伯叔赶办不及也。曰，吾等来与子从容商子耳。曰，何商之有？丁工捐不缴清，其家之祖考神主不准入祠，乃祖宗之旧例，非吾所创议也……（光绪二年）

钝夫先生生当洪杨之乱，阖家男女老小流离转徙了四足年，元配冯夫人并且殉了难；钝夫先生自己也有好几次几濒绝境。他把当时颠连困苦的情形记载得异常详尽，那种生动细致的笔墨，非身历其境的万写不出。后来匪乱初定，山洪暴涨，又几乎闹水灾，钝夫先生的住宅与钝夫先生自己都几乎被水卷去。钝夫先生对于乱离的生活，不管是天灾还是人祸所造成的，真不能不算尝够了。

到此也许有人问：乱离的生活和家族究竟有什么不可须臾离的关系，也值得称为家族文化的产果。要知个人只身的逃难不成什么问题，中国平日的社会生活既以家族为重心、为单位，逃起难来，自然在可能的范围以内，总想竭力维持这个重心、这个单位：这样，问题就复杂了。阖家的逃难，上有老，下有小；顾了这个，忘了那个，是何等严重的举动？家人生命的安全，其实比较还算小事，祖宗的遗业怎么样？坟地搬不动，祠堂抬不起，只好听之，但是神像，家谱是万不可不带着一同逃难的。我知道好几家人家，逃难的结果，把什么都掉了，人口也弄得七零八落，有一家当时只剩得一个寡妇，但是几卷残破的家谱却没有散失。全亏这个寡妇的功劳。所以中国人的逃难，是非同小可的。活的要逃，死的也要逃；脚边跟着一窝蜂的子女，肩头挑上几十代的祖宗，万不能与一般的逃难相提并论。在这种形势之下，虽说逃难不是家族文化的产果，逃难的难上加难不能不推原到以家族为中心的文化了。《钝夫年谱》里有这样的一段记载：

……钝夫急问隆阜奉先妣率家属逃窜，甫出巷，闻屯溪枪炮声大振，盖贼已至……时变出仓卒，民不及携财物而逃，路拥塞。先妣病体弱，五妹七妹幼不能行。出巷，钝夫乃嘱玠弟珍嫂瑜玮二弟室随房东戴妪逃。而扶先妣及二妹仍归匿于所寓之室，以屯有营兵，贼必不敢舍之而过来追逃民也。至晚，枪炮声已寂然，出外视之，街已无一人。复回寓作炊饱食，检衣服之尤要者，分做捆而自挑之，奉母及二妹出门而反关之。徐徐向西而逃。既出村，望见屯溪无火光，而自屯溪以下火光无数。行约五里，未遇一人，而天忽小雨。先妣体弱心悸，而疟复作，不能行走，钝夫心愈惶急乃令偕七妹坐路侧小息，而先挑衣物偕五妹先行四五百步。令五妹坐守衣物，令母小息，复回挑衣物。如是六七往返，约行五里，至一小村，只一家门隙有灯光。钝夫汗出力惫，息于户下……（同治三年）

《钝夫年谱》里又有不少的零星资料，可以供研究中国家族问题之用。我们不妨举一两个例子。

梁任公先生在他的《近代学风地理的分布》里历数安徽绩溪胡氏的人才，讲了胡匡衷（朴斋）培翚（竹村）培系（子继）祖孙三人和自绩溪迁泾县的胡承珙（墨庄）之后，他结句说："绩溪胡多才，最近更有胡适之。"读者的印象一定以为适之先生大约也是朴斋先生的后辈。这种印象是错的。钝夫先生在年谱里凡两次提到胡竹村，一次说有一位钟子勤先生托他"代访购吾邑胡竹村先生所著《仪礼正义》"；一次他替本地某书院聘请一位山长，这位山长是胡竹村的门生，提到胡竹村的时候，钝夫先生并未用什么特殊的称谓。既说"吾邑"，又不用宗族辈分的称呼，可见两家是各有渊源的了。

普通的胡氏大都推源胡公满以至于舜，但是钝夫先生的父系最初姓李，是唐朝的皇族，据谱上所载："如祖昌翼公，本李唐昭宗太子……诞生才数月，为避朱温之篡……匿居民间，赖义祖胡三公义养为子，因改姓胡。"后唐时，昌翼公以明经发进士第，所以人称明经胡氏，初居婺源考川，到第二世延政公始迁绩溪。这一段故事，在年谱里并没有叙到，可以说是一个挂漏，因为年谱前面加一段比较详细的世谱是很可以增进读者对于年谱的了解的。但年谱里曾经记述胡氏宗祠里的一副楹联，至少暗示着这一段故事。楹联的下联说："卅一世派延唐室，明经如受姓，诗书遗泽后昆贤"。

以前中国人缔结婚姻，往往只限于当地少数程度相等的氏族。这一层在年谱里很可以看出来。谱中叙胡氏婚姻举动而讲明对方姓氏的凡二十起，就中有一起是纳妾，有一起是客居期间和寄籍地方的人家缔结的，都可以除去不说。其余十八起里，曹姓七起，程姓、汪姓各三起，石姓两起，冯姓、朱姓，章姓各一起。所与缔婚的姓氏既少，与这少数姓氏缔姻的次数既多，于是门地婚姻终于成为血缘婚姻了。这是交通不发达的地方常有的情形，不仅徽州一带为然。

《年谱》中有很小的一个错误。洪杨军起，攻入宝山县境凡四次，第一次居然把邑城陷落了；第二次、第四次攻到邑城，但未陷。《年谱》上讲到的是第三次，在咸丰十一年十二月，那一次宝山不但没有陷落，并且没有攻到邑城，真正被陷的是遥在浦东的一个属镇——高桥。宝山是我的父母之邦，我似乎有替他洗刷的必要。

《年谱》中有几点没有十分交代明白，将来印行的时候，希望适之先生能够加一些说明。假如，钝夫先生的昆季中起初并无名“玉”的，后来忽然多了一个“玉弟”，大概与“玮弟”同是一人。钝夫先生有一位叔祖号“心斋”，还有一位族中的伯父，也叫“心斋”，也许是抄写有误；若属偶合，也应该注明。钝夫先生有妹子二人，一是五妹，一是七妹，后来有一位嫁了一位汪良树先生，但不知是五是七。钝夫先生自己有子女七人，四男三女，原配冯夫人殉难，无出；继配曹夫人生三男三女，三男中有两个是孪生的。这六个子女里有五个在谱中都有下落，但是第二个女儿不但没有下落，并且连名字都未见，但书“次女”而已。直要到适之先生四十岁写自述的时候，读者才知道她从小就寄养给别人家，才算交代明白。七个子女中，适之先生最小，是钝夫先生第二次续弦后才生的，但这已经不是《年谱》范围以内的材料，而是适之先生《四十自述》里第一章与第二章的材料。所以我在上文说《四十自述》的起点刚好接上《钝夫年谱》的终点。凡是爱读《四十自述》的读者们，不能不读《钝夫年谱》。

（原载《新月》第 3 卷第 5-6 期，1930 年 5 月 10 日再版）

浙游三日记

10 月 6 日　星期五

朋辈定今日启程作兰溪之行，但截至今日午刻，完全无问题者仅三人。二人因临时有事退出，最初动议之二人亦犹豫不决，经往返磋商，始打定主意。余则均预定不去。故最后成行者仅为六人，一人已先在杭。5 时在余家取齐，6 时许由梵王渡搭沪杭车启行；二等车挤极，至新龙华后改入三等车觅座。11 时到杭，投旗下湖滨旅馆。部署定后，到宵夜馆夜饭，并在湖滨散步，于陈英士骑像之姿势，多所指摘。睡已 2 时。

10 月 7 日　星期六

晨起 7 时。8 时 20 分雇汽车到钱江边三郎庙，由义渡过江，尚便利；浅滩甚阔，到码头须走一长廊，工程颇不小。9 时许登彼岸，为萧山县境，步行数百武，即至杭江铁路江边车站，此尚非杭江路之极北终点，极北终点实在钱江北岸，站名“静江”，盖所以纪念创修人张人杰氏之功；唯须待钱江大桥成为事实后，（现尚在计划中），北来旅客始可由彼登车。所可怪者，目下离实现之期尚远，而行车时刻表上早已大书特书“静江”站之名与行车钟点：“麻雀天上飞，地下切葱椒”岂亦国人通病之一耶？车于 9 时 25

分启行，因铁轨磅数较轻，故速率不大，经诸暨、义乌、金华等县境后，于下午5时到兰溪。沿途风景甚佳，诸暨以北一段尤好，若婴先生有诗记之。义乌一带新发见矽质矿石一种，色淡绿，兼杂青紫，略透明，土著谓可炼作玻璃，开发后多运至美国。同人在诸暨站月台上捡得大小十余块，将携归作此行纪念物。车上遇二友，知其行程适与我等六人相同，因相约合为一伙。途中又遇自开化开回之军队。到兰溪后径到王江码头振兴公司雇驳船一艘，船甚长，可容二十铺位，其布置颇类美国之Pullman Car，亦百般简陋中之二三分新颖处。此种驳船专驶兰溪、桐庐间，到桐后港面较阔，水流亦急，改由小轮拖带，实亦航船之类，驳船之名实不相称。舟于九时启碇，夜色朦胧，又有微雨，两岸无甚可睹，略事闲谈，即各入睡。

10月8日 星期日

晨兴六时许，舟已近严州东关。江上天气早寒，幸在兰赁有厚被垫作褥子，未致受冷。严州本为府治，今为建德县，地处钱江两源交流之冲，南由兰港至兰溪，西可由新安江以达皖省徽州全境，故为浙西重镇。码头即在二水交流之处，水较湍激。下碇未久，即由小轮拖带继续前进。约8时许，即入所谓七里泷，两岸皆山，西为峡岭与风车山，东为库岭与洪岩山，前者为天目山之支山，属黄山山脉，后者则为仙霞岭山脉之一部分（二岭二山皆见《中华新舆图》，唯不见《古今地名大辞典》，二书俱商务版，乃不相谋乃尔，可称甚奇）。七里泷为土名，即七里濑，亦名七里滩。《寰宇记》称两山耸起壁立，连亘七里……水驶如箭。土谚有云：有风七里，无风七十里；可知其实不止七里。小轮行驶其间，亦须一二小时后，始觉峡口逐渐放大，而山势亦渐低降；亦可为不止七里之证。泷将尽处有岩石一对矗立西岸，即钓台，相传为严子陵垂钓处，二岩高可数十丈，上各有亭，二岩之间，别有形似亭台之建筑物；岩下为严先生祠堂，谅不复为范文正公所为记中之物。二岩之一，俗称西台者，亦即宋谢翱哭文天祥处。舟人谓严子陵墓在江之东岸，与钓台遥对，由舟中可以望见，唯余适一人在船头，竟不及注意。午刻到桐庐，港又叉分为二，东北行者为桐江，仍为钱江之一部分，西北行者为天目溪，由此可达浙西北各县；舟泊处亦即二水合流处。由此即登大轮，不数分钟后又复鼓轮前进，入富春江，过富阳，港面益宽，两岸地势益平坦，虽有起伏，无复七里泷一带气象矣。3时许过之江大学及六和塔，4时到三郎庙。振兴公司轮船，不能靠义渡码头，改由划子上岸，中间尚须走宽不及两三尺之临时木桥数十丈。舟人谓蒋介石、俞济时来此，或可一靠义渡码头，余人则无此权利；义渡而不义若此，真令人无从索解。或谓公司中人未尝与官场打关节，当是。回杭后改寓沧州饭店，亦在湖滨路，唯较迤西，

10 月 9 日 星期一

连日非阴即雨，杭江路与七里泷之山景固属晴雨咸宜；且雨景多云，半山缭绕，又较晴天为胜。唯到杭后，则西子湖头，扁舟荡桨，自以天晴为第一条件。昨夜众约今日雨则回沪，不雨则下午游湖。晨起天忽放晴，风势亦转西北，于是有人主张将昨约提早，改半日之游为竟日之游。众自无异议，因即雇舟出发，沿

湖北行，先至断桥对岸之湖滨路登岸，各购泥捏脸谱数事，由博览会时所造之长桥到孤山，登放鹤亭，视小青墓，重复登舟绕至孤山之阳，登岸，到西泠印社，出，至楼外楼午饭。复乘舟到旗小旅舍小息。下午二时半再泛舟出游，经钱王祠，因有驻兵，未登岸。初至汪庄，旋至漪园，同行中唯一之独身者于月下老人前求签，得句“则父母国人皆贱之”，联想上文，众皆大笑。至净慈寺，未入，但在附近茶叶店购上等茶叶数种。最上者八角一两，最下者二角一两，当带归一试其优劣，恐不能辨也。此处自雷峰塔崩坍后，已不复当年景象，无足令人留恋者。附近有方腊墓，唯时已薄暮，林菁中已不能辨。本拟到三潭印月，后改至蒋庄，途经花港观鱼及于忠肃公墓道，忽忆秦松龄“宗庙有灵存社稷，英王无意杀先生”之句。时已六时外，湖上已万家灯火，因即返棹。定明日回沪。

（选自《华年》1933 年 10 月 21 日第 2 卷第 42 期）

杭徽公路道中

天目山通信一

大约半年以前，我们结了一个小团体到浙江游览。当时我们选定了往南的一路，先从杭江铁路到兰溪，再从兰溪由水路回杭，兜了一个梭子式的大圈子。这次因为浙省建设当局的邀请，又有出来逛的机会，半年前的小团体里居然有四个人在内；逛的路线不止一条，这四个人里的三个终于拣了往西北的一条，就是把杭徽公路所经的地段作为游览的范围与对象。

我们于 3 月 28 日从上海出发。那几天刚好下雨，28 日那天雨势虽则不大，天上的乌云却始终没有撑开过分毫，望去极像至少还有三天雨可下。但日子是早就约定了的，我们终于走了。

到了杭州，雨还是滴沥地下；百看不厌的西子湖，固然淡妆浓抹，无有不宜，但是干湿终究有些分别。雨中你尽管可以看山，但要找船是不行的。同人公议的结果，决定到西泠印社的四照堂品茶闲谈。三个钟头里不知谈到了多少题目，其中最叫人放心不下的是“天目山有没有老虎”。当晚建设厅当局在中行别业请客。

一宿无话，只有心事。大家都一心转着明天的晴雨问题。我们这一路是准备先到天目山的，我心里想，要是天公真有眼睛的话，明天应该放晴。果然！ 29日早上醒来的时候，阳光早已从罩墙上打射到房里。

8时乘特包的公共汽车出发，走过了松木、东岳、留下等四五个站头，便到了余杭；略停片刻，但没有下车，总算是到过余杭了。“留下”的地名有些蹊跷，据说当初宋高宗南渡，选择新都的时候，先选了这块地方，后来并没有用，不过暂时保留了一下，所以叫做“留下”。余杭以西，第一站便是临安，临安西十里有玲珑山，是天目山的前峰。

大家决定于饭前先游玲珑山。山离汽车道约四五里，我改乘肩舆登山，别人都是步行。起初并不见有什么玲珑的地方，稍上，便见所谓合涧泉的下流，是山中许多小涧合拢而成的，所以声音特大；再上，到一大石当前的曲折处，是醉眠石，据说是东坡的手笔，石在合涧泉的旁边，泉流的那一边，另有一小石，上刻“琴声”二字。由此再上，曲折更多，所以有“九折岩”的名称。将近岩顶的一折有一瀑布，便是合涧泉的大关节。到岩顶，左走数十步，即发见三尊石像，中间是和尚佛印，左右是东坡与山谷，哪一个是哪一个，却谁也弄不清楚了。石像本有殿，久已倒塌，剩下的只有像后的一垛靠墙。

由九折岩岩顶向右手再进，便是山中第一座庙宇，山门上就写着“玲珑山”三字。在庙的左侧，约数百步，是琴操墓；墓本有亭，现已倾圮，墓石也不在墓前，而在墓后。相传琴操是东坡用禅法感化而救度出来的一个坠落风尘的女子。玲珑山上关于东坡的古迹独多，大约是因为他和佛印的关系很深的缘故，佛印常到此山做客，东坡和山谷也就同来。所以《临安县志》中把两人都列作寓贤。

下山后，复乘车到临安。饭后进县城观光。到一处名锦衣坊，是钱武肃王微时故居；由此行数百步，即武肃的陵墓，规范的伟大，不在明孝陵之下，翁仲石马之类，已破碎不堪。当地人说这陵墓不是真的，真的在县公署房屋的下面；目前的县公署原是由钱王祠改作的。现衙门中尚有一土封，上有一穴，真的寝即在其下，但至今无人能加以证实。到武肃王陵的途中，有为明嘉靖间进士汪某立的一座石牌坊，雕刻极精，惜一部分因将近倾倒，已被拆去。

下午 2 时许由临安启行，不久即到藻溪，由此乘轿到西天目，全程长三十里，只焦岭口一段，因石有滑石性质，比较难行，其余都还平坦。薄暮到达禅源寺，山中气候较冷，雨后转甚，大家都现出瑟缩的状态来。

（选自《华年》1934 年 4 月 7 日第 3 卷第 14 期）

天目山通信二

3 月 29 日将近上灯的时候，我们便到了盘踞西天目山南麓的禅源寺。禅源寺是西天目唯一的大庙，就庙产而论，也许是浙西第一大庙，因为西天目山的全部是归它管辖的；山中所有的庵院茅棚，也都由它分化出去。我们到了以后，便有人引领到专门招待香客的所在，经过了几进和好多曲折，才到一所十分宽敞、四面可以通风的楼上；楼分两部，居中的是厅事，左右两旁各有两大间卧房，每间有四五个铺位，床帐被褥，布置得都很雅洁，其他的陈设也都能配称。当晚除满足食和宿的两大欲望外，只有两件事可做：一是和寺中的知客师商订明天的游程，二是谈谈当天的经过和明天的希望。此外我又把 28 和 29 两日里的经历写了些出来，寄给本刊，已在上期登表。晚上睡得极好，溪流激石的声音，不但不扰清梦，反而有摇篮歌的作用；古今人虽不相及，但在这一点上，自信要比袁中郎游记中的那位外行朋友——陶石篑——要稍胜一筹了。那位陶先生把溪流激石声和杉风谡谡声当做雨声，弄得长吁短叹，一夜不能合眼！

30 日是整天逛西天目的日子。全日阴晴不定，但始终没有下雨。晨起极早，食后便出发。天目的范围虽不很大，但就出海面的高度而论，在中国东部要推第一；天目最高峰的高度是一五四七公尺，而它所由发脉的黄山，最高处只有一四〇〇公尺；至于久负盛名的庐山也只得一五〇〇公尺。东西两天目中，东天目比较的高，但据图志，似乎适得其反。天目虽高，但以前的记载里所说的尺寸也未免太与事实不符了。翻看民十五重刊的《西天目祖山志》，发见下列的几个高度：

《高僧传》——三千丈；

《洞渊集》——左目二千丈，右目二千五百丈；

《太平寰宇记》——三千九百丈；

《乐史寰宇记》——三万六千丈；

《吴兴掌故集》——三万六千尺；

慎蒙《游记》——三千八百丈；

王在晋《游记》——西目三千九百丈；

庾信诗——不知高几里；

释松隐诗——三千九百丈；

宗臣诗——天目三千尺；

乔云将诗——兹山独高八千尺；

《洞霄图志》——三千九百丈。

一样一座天目山，而在人目中的高低，竟会这样的不一致；不是山会伸缩，便是中国人的数学的脑经太会游移了。这其间的错误一定是把斜度当做高度，把一个直角三角的弦当做了股！明代弘治年间山中大修石路，当时有人（王赞）做了一篇《修路筑台记》说："首筑石路，延袤而上，约有三千七百余丈。"可见许多记载里所说的高度原等于上山道路的长度，也就等于加上了曲折的山坡的斜度。

我们上山，就遵循着这一条石路。行二里许，到仰止桥，溪流激石声更来得响亮。又一二里，到半山亭，休息片晌。再上，去山麓约五里，至千丈岩，岩之一端有一凹处，有泉，舆夫说全岩像一狮子，凹处便是狮子口。狮口的右方是高峰和尚的塔院，和尚是西天目的开山老祖；赵松雪《狮子正宗禅寺碑记》上所说"至元乙卯春，高峰禅师原妙，自龙须双髻，孤锡横飞，扪木攀萝，直造狮岩，倚松结茆……"便是指这一段因缘。塔院前有一阁，叫飞云阁，中供佛像，和尚以茶点相饷，并出示《西天目祖山志》。再上，经洗钵池，到普同塔。和尚的坟都叫做塔，所谓普同塔，就是许多僧众死后遗灰埋藏的所在。再上不数十步，便到开山老殿，殿址以前就是狮子正宗禅寺。由此觅歧路下行，可以发见两处胜迹，一是所谓“倒挂莲花峰”，极险峻，可以攀援而登，下瞰壁立千仞，不可久视；一是“四面佛”，是一个小山岩，因为泥径狭窄，我没有去。由开山老殿觅径上行，也有可以驻足留连的两个所在，一是“护法新茅棚”，二是半月庵（因庵前有形似半月的小池得名）。由此回开山殿进午餐，殿中住持于事前早得禅源寺方面的知照，所以准备得极为周到；眼福而外，兼得口福，这是当初所料想不到的。饭后本拟攀登绝顶，但终于未成事实，一则因雨后泞滑，和尚竭力劝阻；再则一顿饱食以后，倦态顿生，在饭前十足准备继续迈进的，到此也不免意兴阑珊了。茶话约半小时后，即另觅一路下山。中途只在东坞坪略一驻足，坪有小庵，实为清初大觉禅师塔院，塔即在庵的后面，建筑甚好，上面镌着“敕封大觉普济能仁国师临济正宗三十一世玉林琇和尚全身塔”。

西天目山有两个特点，不能不提出。

一是满山有树，即在温度很低的高处，也是十分茂盛。最多也是最大的是杉树，当地叫做柳杉，最大的据说有九抱，即在普同塔的前面而偏左。上文所提到的洗钵池，就在一棵大杉树的底下，显系一部分根盘腐蚀后的空隙所造成的。其他大至四五围的，真是不计其数。要是前人的笔墨完全可信的话，可知以前还有过比九抱更大的杉树，见慎蒙的《游记》和袁宏道的《纪游》；袁氏有“山树大者，几四十围”之语，恐不免言之过甚，但杉树大且多的一般事实，即袁氏所称天目七绝中的第六绝，是无可否认的。

第二个特点是冰雪。我们登山的前一天，平地下的是雨，山上下的却是雪；我们上山到半山以上，便在枝头石罅随处可以看见积雪，到后来连石级上都铺满了。积雪溶化的地方，又随处结为冰箸，长至数尺，横断面的直径可两寸。又有所谓雾淞的现象，“春冬之夕，遇雾雨，则万木冻为珠玉色”，叫做雾淞，又称木松，前人屡有记载，我们这次却没有机会看见。其实就是雪也不能常见，张京元的游记说：“最奇者径山云，东目瀑布，西目雪；瀑布常在，而云容雪态偶以缘值，不可邀也。”所以袁氏所论天目七绝中，有雷而没有雪的一点，我们以为应该酌改。

当日下山回禅源寺，为时尚早。稍休息后，便就寺的建筑与布置巡视一周。寺的故址，叫做双清庄，历史甚远，也可以追溯到元代，但变迁的详情已不大可考；中间有一个时代，几乎和杂迟的村舍没有分别，到康熙初年，大觉禅师重建高峰道场，才逐渐收复，改称禅源寺。全寺的规模与组织好比一个大村落，日用物品，大率可以自给。管银钱的有库房，贮经书的有藏楼。有五百罗汉堂，我所见的五百罗汉堂，这是第三，其他两处，一在灵隐，一在广州。和尚的生活很有条理，例如吃素鸡一项，每年只规定若干次，我们做客的却是每餐必吃，未免太奢侈了。但一种豆腐做成的东西，何以定要叫做素鸡，我们却不很懂；不犯了口中无荤，心中有荤的嫌疑么？当晚稍事摒挡，准备到东天目去。

（选自《华年》1934 年 4 月 14 日第 3 卷第 15 期）

天目山通信三

我们一起在禅源寺住了两宿，第三天（3 月 31 日）清早就动身到东天目去。我们这种逛法是和别人的有些不同。别人凡是兼玩东西两山的，总是先到东，后到西，先逛名胜之处少些的，后逛多些的。如今我们恰好相反，原因是公家给了我们许多方便，我们可以不必太计较时间与路程上的经济。

我们7点钟出发，轿子走了十多分钟，到一所规模并不很小的寺院，轿夫说这便是禅源寺的头山门。山门和寺的主体离得那么远，足见山中的空间，和时间一样，都不能和普通的相提并论。"山中方七日，世上已千年"。山中的空间，怕也得等量齐观，方才配称。行十余里，穿过鲍家村，村中居民，鲍姓而外，其余非钟即俞；山间村落，大都如是。出鲍家村，一路都是尚未插秧的稻田，田的四围都是小涧。水流得很急，略加人工，便成为很好的沟浍，水量既可以灌田，水力又可以舂米。用水力舂米的设备确乎是这一带的一个特点，在别处不大看见。溪涧的旁边，随时可以碰见一种方不逾丈的小屋，一面的墙，在水面临空着，外面也照不见什么，只听见冲、冲、冲地响，和都市里的电灯厂一般——那就是一座虽简陋而很有效率的舂米机了；那垛临空的墙里面，料想起来，便是一个木制或竹制的用水力来推动的大轮子。

由此前进，我们便到一个很高的岭子，叫做鹿角岭。东西天目之间，以此岭为最高峻。我不懂地质学，但这一带的石质，大部分似乎属于所谓片麻岩，但不知是哪一种；岩石的结构，用我们外行的眼光看去，最像云片糕，裂痕很显明，分裂下来的块儿也很整齐，小的成片，大的成版，满地都是，在岭的顶上尤其是看得分明。由此我就明白了东西天目山的一部分的神话。西天目的绝顶，我们是没有去，但据前人的游记说："绝顶有大石如屏，高可丈许，中划六扇，相传四仙人所锯，各厚五六寸，锯纹整截，绝类木版，其他石如锯成者，不可胜指；四仙人，曰洞元、曰宝华、曰含清、曰归一，特未详其为何代耳。"（金之俊《游记》）所以此种大小石板，在当地就叫做"仙锯石"。另外有一位说："仙锯石，传昔欲驾仙桥而未就者，其石高者一二十丈，大亦如之，片片如锯，略无斧凿痕，厚者一两寸，或六七寸，或尺许，崭然玲珑，未破者亦缕缕如绳墨所界，信鬼劈神裂，化工之妙有如此者。"（田艺蘅《游记》）听说东天目顶上也有同似的现象，叫做仙缘石，也相传是神仙所解，备作驾梁飞渡之用。以前对此种不经之说作驳论者，有过两个人，一个叫潘之恒，他说："两顶解石如版，可谓奇迹，傅会神仙造梁，无乃河汉，而浅于鹊桥乎？如果上真遨游两峰间，呼吸可通帝座，无烦五丁为伐，持地为平……矣！"一个是和尚，叫做圆禄，他在《天目三讹辩》里说："虽洪荒之世，巨浸稽天，奈何秦望犹赊，安得神鞭以驱此耶……"这都辩驳得很是。那位和尚的话，我没全引，但中间实有几分醋意。要知天目之于佛教，为一大丛林，于道家，最初亦未尝不是一大根据地，叫做"第三十四洞天"；道家相传最初开山的是张道陵，住在张公洞；后来高峰和尚来到，乞一席地，张道陵一面答应他，一面却把道衣向空一展，教全山翻了一个转身，张道陵自己也就向江西贵溪龙虎山别寻不知第几洞天去了。释道两家的吃醋，原是很寻常的事，但不想在这里遇见一些很好的例子。至于那仙锯石与仙缘石的真正解释，我们生当这科学昌明的盛世，自然要比那潘某和那和尚明白得多了。

爬过鹿角岭，便可以望见东天目山，并隐约地可以听见昭明寺的钟声。昭明寺，好比禅源寺，是东天目第一丛林，建筑在半山上。远望树木深处，大约就是。但在我们再登山以前，一行人众，还得歇一歇脚。我们在鹿角岭的岭脚发见了一座不大不小的寺院，也叫做昭明禅寺，大殿的右厢便供着昭明太子的像。殿的左方另有一厅事，就叫做“古文选楼”，我们就在此啜茗小坐。原来天目山的神话与掌故里面，关于昭明太子的要占到很大的一部分。东西两山都有。那禅源寺的故址，双清庄，便因昭明双目瞽后复明而得名。

从山脚的小昭明寺到山半的大昭明寺，轿夫说有十里，每里有长亭，可以供采樵的人休息。这一带的长亭和别处的有些不同，它不在路的旁边，而是骑跨在路的上面的。我们过五里亭后，便在远处可以看见一道小小的瀑布。这一点便可以证明东天目和西天目有一个极大的分别，就是缺少树木。举目四望，不是一些灰色的赤裸的岩石，便是一些浅绿的山陂；在这样的一个背景里，无论那瀑布多么细小，我们是总可以看得见的。但是这个瀑布虽小，好比基督教里的先知约翰一般，倒是一个大瀑布的先导。我们过了不知七里亭或八里亭以后，便可以听见像雷鸣一般的声音，越来越响，震耳欲聋，转不上几个山弯子，便有一匹大白练似的东西突然呈现，那就是所谓大瀑布了。这瀑布又长又高、又直，但不很宽，水势之大小看雨量为转移，我们到时，却好新雨后第三日，所以比普通所见的要大。以前形容瀑布的笔墨很多，但就这个大瀑布而论，我以为最能写实的是太白《庐山谣》里的那句“银河倒挂三石梁”，庐山的瀑布虽多、虽奇，但求像这个一般的长而且直，可以就近逼视，却还少有；所以太白这句诗，我们以为不妨移用一下，似乎反而来得贴切。骑跨着大瀑布的脚的是一条桥，叫做垂虹桥，“虹”显而易见也是一个形容的比词，“垂虹”和“银河倒挂”之意也相仿佛。过桥前进数十步，是一个很宽敞的亭子，就叫做观瀑亭。由此再进，到栖风亭，便是昭明寺的头山门了。

东天目的开山祖师是宝志和尚，开山的年代要远在西天目之前。据《东天目祖山志》，宝志是和昭明太子先后同时的。一个祖师开山的方法，似乎也有一种不二法门，就是把他的锡杖向空中飞去，飞到哪里，就在哪里搭下一个茅棚之类，日后要是法运亨通，便可以蔚成一座大庙。宝志和尚的开山，和高峰和尚的开山，都不是例外。但目前这座昭明寺的历史，却比禅源寺的要短，庙产也没有禅源寺的大，洪杨一劫，破坏极多，山地的大部分，也沦入俗人的掌握，据说就是目前的一些殿基和田产，还是勉强向人家讨回来的。

我们到的时候，恰好是中午，碰上一批上海的朋友，正准备着下山到西天目去。饭后，大众便上山，由寺的右侧面抄出。约五里，到一处名分经台，相传昭明太子在此分《金刚经》为三十二节。到此再上，便没有正式的山径，攀登很不容易，于是同行的便分做两派：一派继续前进，登大仙、宝珠等峰；一派便回到寺庙打盹。我一个人，听了和尚的指导，却另觅一径回去，中经洗眼池，据说昭明太子因分经之劳，双目失明，后由宝志和尚引领到此受洗，才把眼力恢复过来。池甚小，只两尺见方，但水的数量却终年如一，雨不加多，旱不减少。“洗眼池”三字据说是海瑞的手笔。到此又引起一个小小的问题来了。天目分东西两个，如今我们知道昭明太子分经和洗眼的所在也有两个。西天目，在禅源寺后，有一座太子庵，也是昭明分经之处，也有一个洗眼池，昭明也在此洗过眼。《金刚经》很长，分两处分，也还说得过去；但眼睛只有一对，也要分两处洗，却未免小题大做了，但和尚确乎告诉我说，一处只洗一只眼。看来还是和尚中间一种同业公议的结果，东西天目并非一家，根据有饭大家吃之义，昭明太子所以能维持他的昭明的功德，最好是由两方分摊，不能由一方独占。但是神话总是神话，我又何必在此太过于认真呢？

东天目的胜境实在不多。袁中郎所称道弗衰的西天目的七绝，在这里起码要打一个对折。没有树，是最大的一个缺点；水，除了那大瀑布以外，其余便无足称道。云海，听说极好，并且因为树少的缘故，也许要比西天目容易赏鉴。所以当天晚上，大家便商量要特别早起，一面看日出，一面看云海。碰得不巧晚上忽下起雨来，连这一绝都没法享受，于是比起西天目来，便越发相形见绌了。

（选自《华年》1934 年 4 月 21 日第 3 卷第 16 期）

屯溪通信一

我们一行人等在东天目昭明寺里住了一夜后，便于 4 月 1 日清晨下山。那天早上，有一部分富有诗意的朋友们是满准备赶一个早起，看云海，同时还要看那初升的红日在天和云交界的地方跳上三跳。他们在 4 点多钟的光景，就真起来了。碰得不巧，天公不肯垂青，早上就根本不出太阳，云是有的，并且很多，但不成其为海。一场高兴，终于虚邀了。但是在下山的时候，约莫有个把钟头，我们却完全在浓云里穿过，一时真有“伸手不见五指”的感觉，其浓密的程度也就可想而知了。我对大众说，“看海何如入海？”还口占了两句像诗的五言句子，“争道观云海，如何在海中？”下面应该再有两句，可以凑成一绝，但至今还悬空着，不绝如缕。

我们将近到山脚，天就放晴了。下山以后，又经过了许多村落，像陈家头、俞口之类，最后终于回到了我们三天前出发上山的地方——藻溪。公路局的汽车，已经早在那里相候。但这已经不是当初从杭州出发的原车，而是一部有弹簧垫子的“花车”；听说它是从京杭国道上拨过来供差遣的，非寻常公路汽车可比。我们于是乃更知道浙省当轴招待我们的苦心孤诣。以“国道”上的汽车供我们差遣，不能不令人起“以国士待我”的知遇之感！

午饭以后，我们便从藻溪赓续西进，一路经过许多大小站头，具见公路汽车的价目表上，不必细表。从于潜到徽州，原是有老路的，如今公路的路线，大致和这老路没有多大分别，不过因为汽车上下坡与转弯的需要，不能不更多些曲折罢了。我们大约三点钟过的昌化，四点钟光景过的昱岭关。穿过老竹岭与黄蛇岭的时候大约在五点钟前后，到歙县已经是七点钟以后了。

一路的光景，有两大点是值得谈一谈的。第一自然是一路的山景。昱岭关是浙皖分界的所在，虽然是一大关口，明初歧阳王一类的大将还在此建过功劳，但是山势并不高，在今日看去，也并不像一个天险。关就在老竹岭的东坡，过关以后，山势反高，曲折亦多，但大致还算平坦。但一过三阳坑，形势突变，山既越来越高，峰头也越来越多，路的盘旋曲折也越来越频数，转弯的角度也越来越尖锐，同时山涧里的水也越来越清澈，山居人家种的菜花，山坳子里自己开着的桃花，越来越黄得可爱、红得可怜——这大约就是闻名已久的黄蛇岭了。上岭以前的一站，就是三阳坑，要讲远眺的景色，却以三阳坑一带为佳，绿的水，紫的山，红的将近落山的太阳，白的山涧里的嶙峋石块，相映成趣，得未曾有。我们一路没有停顿过，到此便不约而同地下车少息，倒也流连了一二十分钟。上岭以后，最引人入胜的自然是那些曲折，和车行转折时一些提心吊胆的感觉。角度尖锐些的曲折大都成为马蹄形，此种马蹄形的曲折至少总在二十个以上，山坡陡些的地方，往往可以看见两条或三条公路叠床架屋似地向着同一方向蜿蜒前进；其实路还不过一条，不过因为曲折既多，周而复始，变成一种螺旋的形势罢了。我们在车中谈论，以为公路的这一段不妨起一个特别名称，像九溪十八涧一般，叫做“马蹄十八弯”或“十九弯”，视弯曲的确数而定。许多地方，往往徒有名胜之名，而无名胜之实；像这种所在，既有名胜之实，自不妨更有名胜之名，名实相副，斯为得之；号召旅客的一点作用，倒还是次要的。岭上自然是满眼都是绿色；这正是三阳开泰的日子，不但百草争茁，就是枝头的颜色，也已经从嫩花变做浅碧。其间的唯一的间断，是采樵人的烧炭的火。山中小树最合烧炭之用，居民往往就地爇火，任其蔓延；火势虽大，远望却只有一点两点，正合着所谓“万绿丛中一点红”的诗境。

还有一点值得注意的是属于物质文化的。物质文化不脱衣、食、住的三大方面，我们在这里所能见到的又只好限于住的一方面。这一带的经济生活虽不能说充裕，但房子都还讲究，很高大，很整齐，粉饰得很白净，建筑的形式也大体和杭、嘉、湖一带没有多大分别。但有一个特点，就是窗子极小。大约自于潜往西，窗子便越来越小，一过老竹岭，直到徽州，却又有越来越大的趋势；看去很像窗口的大小和山陂的高低成为反比例似的。但窗口最大的也要比杭州一带的为小，而最小的则真小得不堪，有时候只剩的一条不到半尺阔的狭缝，自里面望出来，怕不免联想到许多名胜所在的所谓“一线天”。何以要把窗子造得那么小？防盗贼么？两省交界、又且山岭重叠之地，怕“两不管”么？风水上又有什么讲究么？同行的人谁也答复不来。

活人住的房子如此奇特，死人住的所在也有些蹊跷。这一带的坟墓倒也和别处的没有多大分别。浮厝的方法也很通行。但此外似乎又有一种介乎浮厝与埋葬之间的第三种方式，就是就山脚或山弯子里造上一座小小的房子，把棺材放进去以后，四面都密密地封砌起来。讲格式，固然像浮厝；讲大小，又像杭州一带的殡舍；但讲起永久性来，却和坟墓没有分别。我们不知道这种埋藏的方法究竟叫什么。有的尺寸极大，可以容纳二三十具的棺材，望去倒像和活人的房子差不多；活人的房子的窗子极小，如其再小下去，便真要和死人的没有多大分别了。有人说中国人的生活里，生人和死人最为接近，大概这又是一例吧！

出黄蛇岭以后，路就越来越平坦了。我们碰见不少私人的汽车，车中的主人翁十个倒有九个是西洋人。即此一点，就可见公路的一种好处。西洋人的汽车，只要有路可通，是无处不去的；他们的走动，对于地方的商业经济多少总有些补助。我们虽不希望内地的城镇都变做像欧洲的都市一般，一大部分靠美国的旅客做“出钱施主”，但只要经营得得当，这也未始不是合法的、生利的一途。我们到歙县县城，已经是上灯时候。

（选自《华年》1934 年 4 月 28 日第 3 卷第 17 期）

屯溪通信二

我们终于到了徽州了。同行的八个人中间，倒有三个是和徽州有些渊源的，所谓渊源，就是以前迟早发生过土著的关系。其中一位是很早就搬出去了的，大约在明中叶；其他两位则至今还有本家或未出服的远房在徽州居住。将近到的时候，这三位自然觉得特别的兴奋，其他的人甚至于笑他们脸上多少带一些朝山进香者的神情。在黄蛇岭一带望见石板铺的小路的时候，他们又再三地说：“这是我们几位的祖宗当初‘乔迁迪吉’时所走过的路呀！”这也许是的，也许不是；要知当时徽州人向外发展，路径并不限于这一条，即就往东的而论，至少还有到芜湖的旱路和打新安江走的水路。

我们进歙县县城，已经是万街灯火。当地公路局方面的人员先把我们引到一家馆子里吃饭。以前也吃过不少的“徽馆”。苏、松、常、太、杭、嘉、湖一带比较大一些的馆子，十个里怕有七八个是徽州人开的，但怕都比不上这个馆子的“道地”。给我们上菜的店小二是一个很清秀的十四五岁的青年，有人问他哪里人，他回答说是绩溪人。我接着问他“大概姓胡吧？”他说“正是”。保不定他是“绩溪三胡”的后人咧。要不然，也许是适之先生的本家。

饭是吃了，睡却发生了大问题；同行的人都以为徽州是大地方，保管你有好客栈，所以事前丝毫没有准备。我们急来抱佛脚，一面请公路局方面的执事先生替我们张罗；一面又派人去见县长，说明观光的来意；碰上县长又正在那里请客，只见到了他的秘书——结果依然是毫无眉目。总怪我们到得太迟，哪有黄昏时节到一个地方观光的道理。歙县，歙县，竟没有我们歇脚的地方，真非初料所及。我们最后决定赶往屯溪，再作道理。

屯溪有“小上海”之名，离歙县约五十里，公路也通，但已不在浙省公路局管辖范围以内。那路真坏极了，又狭又崎岖不平，而前半段转弯又多，弹簧垫子到此不但失却效用，并且有把我们当做皮球的倾向。坐在前面些的瞪着两眼看前途有没有危险，坐在后面的却在联句做打油诗，谑浪欢笑之声和车行的轧轧声几乎打成一片，真可以说是逸兴遄飞了！

屯溪有两个较大的客栈，近车站的一个，已经宣告上下客满；第二个在市的中心，名字叫做“屯川”，也只剩着三个很小的铺位，如何容得下我们大队的人马？即使容得下来，我们这些讲卫生的都市文化里的骄子又怎样容忍得了那肮脏的气息。于是便发生了两派主张，显出孔老夫子一类的圣贤所采用的人的分类法是不错的。狷的、保守的、古典的一派主张回到车里，在弹簧垫子上和衣而睡，狂的、进取的、浪漫的一派主张到新安江上去叫一只快船，好让湍急的江流送我们入梦——梦黄山、梦已经三日不见的妻子、梦这几天路上在小说书里看到的佳人才子，各凭尊便。最后狂的一派终于占了优势，并且几经波折，也居然找到了一条刚好有八只铺位的船。但在没有接洽就绪之先，大家在江头踯躅行吟，一时真有日暮途穷之概！一时遐想所及，以为好好的一条水、一个地方，为什么要叫做“屯”，“屯”字本有三四个意义，好像都是为了我们那晚上的经验而设的。第一个是“难”，《易经》上有“屯如邅如”的话。第二个是“吝”，“屯其膏”的话也见《易经》；“屯邅”两字并在一起，意义也就等乎“行不利”；至于“屯难”，“屯蹶”一类的字眼，也无非是指困苦颠连的意思。第三个是“聚集”或“安顿”。经过了不少的困难波折，终于在新安江的船上找到了一个安顿的去处，也正应着“屯溪”两个字——屯溪者，岂不就等乎屯在溪上么？新安江的上游所以叫做屯溪，大约也是因为滩多水浅、不利行舟的缘故吧。

我们在屯溪船上一觉醒来，已经是 4 月 2 日。早食后，我和两位同行的朋友相约到歙县去。我们这三个人就是上文所说多少和徽州有些渊源的，他们两位在歙县还有本家，所以此行尤不可少。我们先去拜访本邑的耆宿叶则柔先生。我们问起最近歙县修志的进行状况，和近来徽属以内各大氏族散布的形势，承他一一见告。我自己的一族，据说在歙县范围以内，只南乡一带较多，邑城的北门一带也还很有几家；可惜我不能多耽搁，否则大可加以访问，也许可以发见一些当初“始迁”的原委和情况。出叶宅后，到鉴莹斋购墨数锭，又到制墨的作场里参观了一下，从烧烟到成墨，其间经过的手续，也正不少；顺便又买了一具做“龙凤墨”的模子，刻工很细，据说手工钱也要在三元以上。松烟墨以外，徽州还有一种出名的东西，叫做霉豆腐，沿街有人叫卖，随煎随吃，霉丝的长度往往在一寸以上，我本适之先生尝试之义，当场试了两块，也还不劣；其余两位和徽州的关系，虽比我切，却没有尝试。我们回到屯溪，已经下午四点钟。

屯溪的客店虽不行，饭店却好。没有费多少时候，我们就发现了一家紫云馆，一天两餐，我们都在这里赏光。馆址在市中心的对岸，须由大石桥越过屯溪。馆有高三层的水阁，登阁眺望，不但全市在目，并且横的黄山，直的屯溪，可以全盘收受。前三年朱老五洗劫全市的时候，似乎只有这个馆子和它的邻近没有遭殃；原来他一面叫他的喽啰到市上放火劫掠，他和心腹却在这水阁上饮酒作乐，“赋得隔江观火，得江字五言八韵”。我们这次得在阁上大嚼，还是朱老五之赐呢！

屯溪虽有“小上海”之名，但近来商业并不发达。朱老五的一劫，来势虽然凶险，元气却未大伤，因为匪势所及得到的不过是财货一时所积聚的总汇，而不是财货的来源。所以烧杀摧毁以后，不久就复了旧观，在不明屯溪历史的人看去，谁也不会知道它是不久以前经过匪灾的。但最近一二年间的不景气，却已根本影响到了四乡的繁荣，于是来源既竭，而总汇也就日就枯涸，一时要图恢复，就大非易事了。

从屯溪市中心到紫云馆所必经的大石桥，是一桩很伟大的工程。桥的长度不必说，就是那种整齐光洁的程度，也是别处所觅不到的。这种大桥，在徽州境内不止一条，最大的在歙县，是从歙到屯所必经的。桥墩坚实，墩石的两头都作尖角形，据一位德籍的工程师说，这是近代工程学里比较新颖的一种发明，和载重力的大小很有关系。西洋的新发明，不想数百年前徽州的石匠，早就加以运用。

我们在船上又住了一宿，4 月 3 日的早上，我们又到休宁；我们于此就散了伙，一半上白岳，其余一半，连我在内便折回，由原路归杭。但在休宁的时候，我们还进城散步了一回。想起这是戴东原的出生地。经打听后，才知道他的祠堂和族人并不在城里，而在离屯溪五里的龙阜。徽州原是人才的渊薮，尤其是以清代的前半叶和中叶为盛：休宁除戴氏而外，先后又有程绵庄、汪双池；歙县则有黄扶孟、黄宗夏、程易畴、金檠斋、汪叔辰、洪初堂、凌次仲；绩溪则有“三胡”，即朴斋、竹村、子继祖孙三人；婺源至少出过江慎修，黟县至少出过俞理初。胡适之先生也是绩溪人，但与“三胡”似乎不是一家。徽州人文的变迁和所以变迁之故，我希望另外有机会加以比较详细的讨论。

归途没有多少可以说的。在昌化买了三对图章石，索价六十元的，竟以十二元成交，真可谓“上天讨价，落地还钱”。在杭州，当晚在楼外楼夜饭，在西湖里荡舟，夜深始归旅店。第二日到六艺书店和复初斋买得线装书五六种：周栎园的《书影》，叫名是云轮阁抄本的《耆旧续闻》，梁芷嶙的《闽川闺秀诗话》，《海宁州采芹录》，都在其内。此行带归的，除了一些甜蜜的回忆以外，所以又有这几种书、几锭墨、一个墨模子、几块昌化的石头。

同行的有林语堂、郁达夫、叶秋原、全增嘏诸先生。又有浙江公路局的总稽查金彭年先生，代表省建设厅一路引领我们，令人感激无已。又有《申报》和《时事新报》的摄影记者吴、徐两先生，一起正符合八仙之数；八仙中的李铁拐，就是写这篇通信的人。

（选自《华年》1934 年 5 月 5 日第 3 卷第 18 期）

徐州通信
——豫晋行程的第一段

不景气时代以前的美国人也许太讲究旅行了。轮船码头和火车站上整天整晚熙来攘往地忙着的是一些为旅行而旅行的旅客。有一位教授Goldenweiser说，真为旅行而旅行，倒也罢了，美国人的旅行却一定要挂上“追求智识”的牌子。其实据他看来，名为追求，实乃躲避，智识是随在而有的东西，真正追求智识的方法无论其为第一步材料的搜集，或第二步的观察思考，都得有充分时间的延长、身心的安定与精神的贯注。能力上不会这样追求，于是便不得不借重走马看花的方法，拾得了一些片段的见闻、模糊的印象，好回家向妻子朋友说些大话。这种追求，岂不是和躲避没有分别？

这一番话，就美国人说，真能够搔着几分痒处；但若就中国人说，却似乎又当别论。我们的毛病是在旅行得太少。我们不但旅行得少，并且还要说些漂亮的自圆之词，例如“秀才不出门，能知天下事”之类。要是不景气时代以前的美国人所走的是一个动的极端，我们的便是一个静的极端了。

所以不管那位美国教授怎样说，我是主张中国人应该多多地旅行的。中国的地方这么大，地理环境的变化这么多，历史的背景又这么悠远，而各地的背景又这么的不同，要是专靠一些书本的智识而不旅行，不给耳目一个实的接触的机会，要教一个民族分子对于本国的史地有一个差强人意的囫囵的概念，我以为是不可能的。从取得此种认识的这一天起，凡遇有旅行的机会，我是没有不利用的。

在求学时代除了靠近家乡的上海一带以外，只到过一次南京，一次宁波；北平，因为读书关系，每年必得来往一次，一起倒有过八九次之多。此外便没有可说的了。民国十六年，总算第一次到杭州、到镇江、到苏州；十七年到普陀山；十八年到大连、沈阳、长春、哈尔滨；十九年到过松江；二十年到青岛、烟台、潍县、济南，到九江、庐山，到广州、香港，到无锡。二十二年初到之处有汉口、有杭江路和钱塘江上下游所经过的各县。本年初次观光到的又有嘉兴，有杭徽公路的各要点，有扬州。最近乃有豫晋两省的行程。

6 月 25、26 两日恰好是特别热的两天，据说寒暑表上突破了六十年来的纪录。但因为日程是早就预定了的，所以无论汗流得怎样多、马路上的柏油溶解得怎样软，这两天是无可避免地摒挡行李和出发的日子。

车是 4 点多钟开的，当晚 11 点光景便到了南京江边。过江轮渡大约占去 1 点半钟的时光。午夜再开车，到徐州是 27 日的上午 11 时。这是行程的第一个段落。

在这第一个段落里，倒也有些少事实值得在此一提的。同厢的其余三个人中间，一个是毫不相干的外国人，一个是老朋友，一个是杭州绸业界的领袖。一路无事，便和那位朋友闲话婚姻制度的今昔与未来，从霭理士的见解起到罗素夫妇的见解止，从一夫一妻的理想起到一夫多妻的实际倾向止，真好像什么都谈到了。我们并没有达到什么结论，但一般的印象是，目前流行的婚制确有过于抹杀事实之处，也有太受流动的思潮所震撼之处。此外便不敢乱下断语了。

那位绸业界的领袖，问过尊姓以后，我就立刻猜到他是一个徽州人而占籍于杭州的。在车上因为有上下床之别，我们没有机会多谈。但因为他的目的地也是开封，也得在徐州下来候车，所以一下了车，我们便彼此默认为同行的伴侣。我们在徐州小饭店里吃饭的时候，便大谈其“无绍不成衙”“无徽不成市”的道理，“无绍不成衙”自然是一个陪衬，我们的要点是在阐明“无徽不成市”的由来。从他一番话里，更可以知道徽州人自有一种特殊的格调，在中国民族里可以说是自成一个派别。原是一个山居务农而生活十分清苦的民族，经过数百年的生息淘汰之后，一旦跑出山来，便会到处执贾业的牛耳，处处有他们的足迹，业业有他们的领袖，这不是一个十分的奇异现象，值得社会学家从长研究么?

轮渡的经验，在我还是第一次。就旅客的精力而论，确乎是比以前经济得多了；但就时间而论，似乎还有问题。至于问起那些被这种新办法所排挤出去的三千多的苦力，现在究竟有何下落，那就更在不可知之数了。不过当晚渡江时的光景却真好，省了麻烦不必说，江上清风，中天明月，才是一些没有价的东西，至少旅行社中人没有把它们打在票价里面。两天来的溽暑，有此一番抵偿，在客中的人也就觉得十分十二分满意了。

（选自《华年》1934 年 7 月 7 日第 3 卷第 27 期）

陇海路上（自郑州寄）

——豫晋行程的第二段

6 月 27 日下午我们便在徐州上了陇海路的车子。我说我们，因为那时我和那位徽州的绸业领袖已经谈得很熟，已经默认为旅行的伴当；后来一直到开封下车分手，彼此相互会钞一类的行为也就跟着而来。从徐州到开封，足足走了八个钟头。车进了站，便有两个开封青年会的朋友来接我。一位中国朋友，是一向认识的，初次遇见是在 1931 年的烟台夏令会；一位美国朋友是第一次会面，但我在开封的寓所却就是他的家，当晚他就把我领了去。

路程算是又走了一部分，但八个钟头里的印象，形形色色，始终在脑子里转着，到睡觉的时候还抛撇不下。这是很难怪的。陇海路，在我还是第一次走。从徐州向西，一路确也有些特殊的经历与此种经历所唤起的联想。徐州西北是丰沛之地，是汉高祖的家乡，迤西的砀山，也是他微时游息和避仇之处，所以历史上有“隐芒砀山泽间”的话。过了砀山，便是河南省境。第一站的马牧集在洪杨乱以前原是很热闹的一个码头，现在是式微了。马牧集属商丘县，就是以前归德府的首县，也是快车必得停留的一站。略知清代人文的人到此，第一个联想一定是宋牧仲（荦）。记得不到一年前在杭州还可遇而不可求地买到了他和他的儿子所手编的《宋氏世谱》，但那时的宋氏虽盛极一时，现在的宋氏又不知衰落到什么程度了。我说它衰落，似乎有些武断，但一面想起许多大族的命运，一面参考归德一带自然环境的变迁，又似乎这是一个几乎无可避免的结论。再西是民权县站，是民十七以后新添的，那民权县也是一个新设的县份。

兰封是陇海路上很重要的一个关节。读者如翻阅地图，可知黄河故道和黄河今道便在此分歧，故道东行经江苏的北部以入于东海，今道——就是清咸丰六年以后的道——则东北行经河北的南端和山东的西北部以入于渤海。去年闹大水的时候，似乎便有一部分水窜进了故道。我说兰封重要，倒不在它的商业的地位或军事的险要等，而在于此。一过兰封，再停便是开封了。

我在开封耽搁了两天不足。耽搁的目的有二，一是参加豫省的夏令会，二是观光。夏令会的地点在南关豫中中学。28日晨我便在那边演讲了一次，题目是“中国的病象与黄河”；又参加了两次讨论会，一在上午，一在晚上。下午居停驱车伴我到城中游览，经过了那大得很不配称的中山门，便是长而又直的中山街；中山街到底，便是中山公园，公园的画龙点睛处大约就是土人所称的“龙亭”，即北宋宫室的遗址。“龙亭”后面，新建了一个体育场，规模尚大。前面，在中山街底的两旁，还有两个大池，虽则又浅又齷齪，加以想象的渲染后，还可以得到一些当初宫殿池沼的仿佛。我们在“龙亭”后体育场前绕回中山街，折东到平等街、再转北经共和街后，便到了河南大学，弃车步行，在校内巡礼了一周。

除宿舍及正在建筑中的大礼堂以外，其余的校舍似乎都是现存的，稍嫌拥挤，但全校的基地甚大，前途很可以扩展。建筑中的大礼堂规模甚大，可容两千人。久负盛名的开封铁塔，在礼堂附近便可以望见。大学已经放学，但学生住校者尚多；一部分则正在参加新规定的暑期军事训练，听说苦不胜言，其中少数分子竟有对人哭泣的。旅行中于此等事不易明白真相，但论者都说纪律的教育虽然重要，此种一曝十寒的训练方法究有几分价值，还是一个问题。

出大学后便走访在大学里当教授的一位老友。他的夫人不久就要分娩，所以他还候着，没有离校它往，否则便不免相左了。这位老友原是一个文学家，现在还是，但自从到了开封以后，他又添上一种新的兴味，就是考古；两年以来，他已经收集了不少有趣的东西，我和我的居停坐定以后，他便一件一件地搬给我们看，他又说起春假里趁空到过一次西安，也颇有所获。他所花费的钱虽不多，但因为有很好的鉴别力，所以所得的都是一些很有意义的东西。我约定次日上午再去看他。当晚居停主人在寓请客，到了好几位开封政界、学界与交通界的领袖。我和另一位赴夏令会的讲员顾子仁先生，也在被邀之列；阖座谈笑甚欢；我对于最近河南各方面的进步的状况，也借此知道得不少。

在开封的第三天早上，我又在夏令会讲了一次，题目是“人文思想与民族出路”。讲罢，便进城应昨日的约，同时谢别了我的居停，因为下午便须搭车西进。

那位老友先将我领到几家线装书店里，经过了长时期的讨价还价以后，终于在某一家成交了六七种书，其中最有本地风光的一种是比较新出的《中州先哲传》，凡三十五卷，《中州人物考》出书后的人物，大约都已网罗在内。中州在历史上原是一个最大的人文渊薮；南宋以来，逐渐沦替，到清代中叶以后，便有寥若晨星之慨。此书之出，大可以把以前的成绩做一个总结束。今后的形势，一半固然要看河南人直接在文化上的努力，一半也要看他们对于黄河所造的特殊的环境有什么永久的控制的方法了。此种环境一日不改变，人才便一日不能有滋养生息的地盘，不要说对于文化的努力了。28 日晚的宴席上，一位本省教育界的领袖便说，现在的河南人是中国人中最愚笨的人，此话虽嫌过火，但人才的零落与一般智力的低下不无相当关系，却是事实。

随后又到博物馆去看不久以前在新郑出土的大批铜器。其他的收藏，自然大约也看了一遍，亏得我于考古一事，完全是门外汉，否则此种走马看花的逛法不但不能增长确切的见识，反而要引起许多精神上的不谧静。对于一种极有兴趣的东西，只能够望一望，而不能安定下来加以仔细的端详，只能够闻一闻香味而不能吃，那不是平白地添出许多麻烦么？濒行买了两种碑帖，一种是欧阳通写的墓石，一种是刘根《造像》，作为此行的纪念，也借此略存过屠大嚼的意思。

（选自《华年》1934 年 7 月 21 日第 3 卷第 29 期）

黄河的沙及其他（太原通讯）

——豫晋行程的第三段

6月29日晚上大雨以后，天气转凉。30日晨起，向外眺望，不但天空澄碧得可爱，就是市街上也有一尘不染之概。这在别处也许并不稀奇，但不要忘记了，这是在郑州，在逼近黄河的郑州，在车马喧阗而道路又并不太整洁的郑州。

不过好景是不常留的。那天七点多钟光景，我就上了平汉路的慢车。车开得不久，天就刮起风来，起初不过是风，后来便夹上沙，风越来越大，沙越来越多。火车过黄河桥的时候，本来就慢得像老太太走路，去年我在此经过，计算走了有十三分钟光景；这次加上风沙，自然慢上加慢，也许走了有二十分钟吧。从车上向西望去，那种光景的黯淡，真是难以形容。我想以前造作地狱神话的人，一定没有刮风的日子在黄河上摆过渡——自然不会有，黄河是一个天堑，风平浪静的时候，全线也只有像风陵、茅津等六七个渡口，有风的日子便连飞渡都不行。但假设有这作神话的人真摆过渡，而能够瞧见我那天所瞧见的光景，我以为他一定要在十八重地狱之外，再添上一重第十九重的“黄沙地狱”。

黄河的沙可真不得了。在陇海路上，我们就碰上它碰一个满鼻子。从徐州到兰封，和铁路并行的，就是黄河故道。故道里水虽没有，沙却尽多，越往西越多；轨道的两旁，起初看得见的，只是一些小块的不毛之地，到后来就成了堆了；堆与堆相连，便居然成脉，微风起处，便令人隐然兴西渡流沙的感慨。兰封以西，情形就不用说，因为积沙日多，开封城已经比黄河河床为低，这是大家知道的。在开封时听人家说，最近两三年是很难得的一个例外，这一带居然不大刮风，天朗气清的日子要比往年为多。但就我今天过黄河的经验而论，我觉得一年只要刮上两三次，就已经够我消受了。今天的风还算是很小的，所以过了武陟县的詹店，就只有风，没有沙。

一路上真是太没有东西可瞧的。沙，依然是极普遍的东西。火车的经行的区域原是大平原的一部分，本来就很少变化，可以教人瞩目；河道是尽有，但十条里总有三四条就名实相副地叫做“沙河”；其余虽无沙河之名，却都有沙河之实。这些沙河其实在形式与性质上都是黄河的徒子徒孙，一样的有沙无水，一样的和平地不分多少高下。临洺关脚下的洺水便是最好的一例。那“洺”字当初真起得不错，它不但是一个谐声的字，也是一个会意的字，有水之名，无水之实，斯曰洺水！火车经行的区域，也是文化极老、古物极多的区域，汲县、安阳一带，尤其是考古学家的宝藏所在，但对于火车上连走马看花都说不上的客人，这些是等于没有。火车经过的时候，你最多只能做一些遐想，什么商代版筑的宫室呀、卫国的陵墓呀、石器陶器呀、甲骨文字呀，一时都会涌上心头，很模糊地成为你的遐想的资料。但我是一个不大会做白日梦的人，遐想纵不免，却不会持久，一会儿便被现实给逼走了；逼走以后，眼前所呈露的又无非是一片青白相间的天，大块黄绿杂糅的地。过了淇县以后，算是可以看见太行山脉的边缘，虽只是一些边缘，至少教你在极目西望的时候，你的眼光可以有一个着落、一个安放，不像以前那样的彷徨无主了。

30 日晚上又有大雨，又把一天的尘浊苦闷冲洗了一个干净。月光再从云间透露的时候，车子就到了石家庄。下车后即投正太饭店住宿。

7 月 1 日搭正太铁路车到太原。到太原去的客人，在石家庄是非过夜不可的。正太路是一条很别致的国有铁路，它不能和别的铁路联运。这其间有物质上的理由，就是轨道比较狭小；也有人事上的理由，就是山西的闭关政策。不能联运的结果，当然是便宜了客栈，吃亏了客人。每天正太客车只开快慢各一班，都在上午，过此，不客气，就得请你在石家庄屈留一夜。不走正太路，插了翅，你也过不了娘子关。

我是第一次到山西，第一次走正太路。这路却真不错。上文说它不和别的铁路联运，虽欠圆通，却也有方便处。车辆的干净划一，工程的整齐坚固，运输的恪守时刻，虽有二十多年的历史，却还是新簇簇的——推原其故，又何尝不是因为上文所说的两个理由呢？中国的事情真难说，我们谁都盼望把全国的事打一笔统账来干，像别的国家一样；但总账打好后的好处不容易见，而打不好的坏处却时常可以发生。于是便有人以为与其打不好而得到更大的坏处，还不如暂时不打而安心守着一些原有的小的好处。

二十年来山西省的政治，似乎是根据着这条原则做的。就正太路的管理一端而论，我们不能不承认会有相当的成功的。

沿路的风景也好。山西是一个多山的省区，甚至于可以说全部是山。即在汾河流域里最低的地段，离海面也必在二百公尺以上；其他地面，则十之七八在一千公尺以上。车行过河北的获鹿县以后，便到达太行山的山麓；过井陉县，便进娘子关而入山西省境。过关后第一个大站是阳泉，是平定煤产所由运出的总枢纽。听说煤在平定本地只卖一块多钱一吨，到太原卖四五元，到北平便须十三四元，相差如是之大，真是骇人听闻；这其间显而易见除了火车上下的水脚以外，又大有上下其手的人事在内，但是消费的人却苦了。到寿阳，山势最高。车行山岭间，迂回曲折，时而绕过岭头，时而穿过山洞，时而入两山的夹道，时而傍溪涧的边沿。有过前一天平汉路上的旅行经验以后，觉得这一天的真不平凡，真能引人入胜。车到榆次，才终于算下了坡，过此直趋太原，便全都是平地了。在车上遇见一位姓林的本路段长，知道全线共有二十五六个山洞，又有大小桥梁一千七八百座，即此一端，也可以见得此路工程的伟大了。沿路还有一点值得注意的，就是黄土层的普遍与深厚，有时候火车所穿过的实在不是山，而是很高大的黄土堆。

当日下午四点多钟便到了太原。先投山西饭店，随后太原青年会的总干事来，邀我到会中居住。

（选自《华年》1934 年 8 月 4 日第 3 卷第 31 期）

从太原到太谷（自太谷寄）

——豫晋行程的第四段

到了太原，还不能算到了我的目的地，我的目的地是太谷。所以身心两方都还不能十分安顿下来。同时因为只有一宿的耽搁，又不能多玩。在青年会把住处确定以后，和两位干事先生谈了一会话。在积极方面，算是打听一些本省最近的情形，好拿来做通信的材料；在消极方面，也有一些入国问禁的意味。记得在正太路上，从石家庄上车以后，就有过三次穿军装的人上来问尊姓大名、到省做何贵干，所以知道这边的政治是很有统治的力量的。但统制到什么程度，却不知道，所以不得不向本地人求教了。在晚饭以前，又到市街上绕了一周，到山西书局买了一种《山西沿革图考》。山西书局是一个官书局，但书不多，翻看它的书目，十分之七八是江浙一带三十年前所通行的书，现在却已经是古董了。小时候读过的一种地理歌诀，叫做“地球韵言”，居然在这里还可以找到，并且还有不少的存货。傅兰雅、林乐知一班人译的木板的科学书籍，当然也不在少数，但买的人多不多，却是一个问题了。那部《沿革图考》原是《山西通志》的最前头的四本，刻得很细，前两本完全是图，讲沿革的许多图全都用套版印出，极其明晰，旧式的方志有此种成绩，也是不容易了。

7 月 2 日，坐公共汽车到太谷。太谷离太原一百三十里，汽车要走两点多钟。路并不很好，搭客也非常拥挤，因为这原是纵贯南半省的一条大道，由此可以直达西南角上的解州，所以搭客是不会少的。沿路有一种有趣的现象值得在这里一提。公路从太原南关出发，最初有一大段是和一条铁路并行的。这就是同蒲铁路了。它是一条轻便铁路，近来工程进行得不慢，从太原向南到介休一段，最近已告完工；虽还没有正式通车，通车的典礼却已经行过，就是我到太谷的前一天。我因为在开封多耽搁了一天，否则便可以赶上这第一次的通车，十年八年之后，也可以向人说句老话，同蒲路的处女车，我还坐过的咧！本来约定同行的一位江先生，却真坐着了，他在开封并没有停顿。不过听说那天从太原到太谷足足走了六个钟头，没有车站，所以不卖票；没有客车，所以没有座位，似乎连篷子都没有，所以受了六个钟头的罪。这种轻便铁路，看来轻则轻矣，便还有待。

公共汽车走了一阵，似乎便和同蒲铁路越离越远，终于望不见了。但不知怎的，公路的附近，又来了一条铁路似的东西；其路基，所谓土方也者，也筑得很整齐；将到太谷附近，又有很好的车站似的建筑，有月台，有票房，票房外面还有邮政信箱，却独独没有铁轨！汽车到了太谷，我们又坐了一节人力车，那人力车就在路基上拉了一大段！这真奇了。同蒲路不是已经一直可以开到介休了么？何以这一段连轨道都没有？人家告诉我同蒲路没有车站，这里不是一个很整齐的车站么？中国的事真有出人意料之外的。原来这是另一条铁路，叫同成铁路，起点和同蒲路相同，都是大同，而终点则比同蒲路要远，就是四川的成都。从大同到潼关的一大段，这两条路不但并行，并且是完全重复的。同成路一向是国有，路基和车站等，在民国初年便已经建筑好了一部分，后来便停顿了。同蒲路最初是山西商办，动议得也很早；民国二年，由省办议决改为公有；民三又让归国有，由交通部接收。当初接收的理由，大概为的是要免去叠床架屋的弊病。但近年以来，不知如何省方又忽然把同蒲路的建筑自己担任了下来，并且进行得很积极。所以有这一番转变的理由，我们在局外猜测，大约不外两点：一是中央政府没有钱完成同成路，耽误得太久了；二是省政和国政，历年以来，也有许多貌合神离的地方，谈不上有多大的合作。省方到不能再等待的时候，乃毅然重提旧事，把同蒲路自动地兴筑起来。这其间当然多少还有一些争气的意味。有趣的是，在中央的同成路方面，最近似乎把以前建筑的路基和车站，加过一番整顿，所以看去像是新造的一般。但这一些委曲，住太谷一带的老百姓们又怎会知道，他们只觉得太谷真阔，西关外有条铁路，东关外又有一条铁路；一条是有车无站，一条有站无车！

我到太谷的任务和到开封一样，是参加山西省的学生夏令会。夏令会的地点在铭贤学校。铭贤学校是山西第一个规模完全的中学，从幼稚园起，到高中止，应有尽有，最近且有添设大学的动议，但大概不会成事实，实际上也无此必要。它也很注重职业教育，所以有工场，有农场，规模都很大；我们在那里睡的铁床和床上的草垫子，都是学生自己做的，并不仰给予外。它也已经有二十多年的历史，原是一个教会办的学校，和美国的欧伯林大学

（Oburlin College）有些渊源，所以它在美国也有“欧伯林分校”的称呼。它的发展和孔庸之先生有很密切的关系。校长便是孔先生，但下半年起改由梅贻宝先生担任。

夏令会的会期是7月1日晚上到7月8日。我是2日晨到的，7日中午告别的。在这六天之间，有过三次比较正式的演讲，参加过七八次的讨论会，会余饭后，还和一部分的与会代表做过一些个人的谈话。演讲、讨论、谈话的资料总不脱思想、社会问题、青年生活等三四个题目的范围。参加的学校除铭贤以外，有省城的山西大学、法学院、教育学院、商业专校、新民中学；女学校则有毓德妇校和汾阳的铭义中学；代表虽以太原、太谷为多，但也有来自极北的大同的，也有来自极西南的永济的，一起也有六七十人。山西的青年，在思想上虽没有在北平、上海、广州一带的活跃，但其中很成熟的也还不少；有的怕是太成熟了些，已经快到了一个不发生问题的阶段。山西是一向以早婚著名的省区，在中学时代已经成婚的，为数便已不少；这一点和他们成熟之早，当然不会没有关系。我们讨论会中最有生气的时候，也就是讨论到早婚问题的时候。山西青年的思想并不急进，在别处时常听到的那一套社会革命的口头禅语，在这里是不大听见的。这一半大概是由于当局统治的力量，一半也许根本因为山西的青年比较成熟、稳定，他们的思想行事虽不很活泼，却也不浮躁。这当然是就一般的情形而论，其中行为很敏捷、观察力很周到细密而对于社会与国家的问题亟切想找一些解答的分子，也自大有人在。

（选自《华年》1934年8月12日第3卷第32期）

凤凰山镇压下的太谷（自太原寄）

——豫晋行程的第五段

在太谷的五天半功夫，倒也不完全花在铭贤学校里和夏令会的身上，“溜达溜达”的机会尽有。铭贤学校自己的环境里，便有可以留连的地方。铭贤目前的校址，一半是从前的孟家花园，一切的建筑和布置，至今还维持旧观。花园虽不大，但它所能引起的感慨却不小。在以前，北方的金融重心是山西，而山西金融的重心便是太谷；太谷是票号的大本营，山西人在陇秦豫陕、在东三省、在内外蒙古所赚来的钱都像水一般地向太谷灌，把太谷灌成一个锦绣万花之谷（原是一种书名，兹向原作者告罪借用一下）。这孟家花园的主人似乎就是一家票号的老板，这家票号，在一百年前，是很了不得的；在五十年前，也还可以维持；到三十年以前，却已经是不得了了。这座花园里的中心建筑原是孟家的祠堂，中间安放祖宗牌的地方真是雕刻得非常华丽，现在却已经稍稍拆卸改装，变做一座讲台；有一天早上我还在那台上讲了一次家庭问题，我的背正靠着以前的神龛的所在，而我所讲的不免又是“积德垂裕”“追远扬名”的那么一套！

据当地的人说，票号的所以失败，有外缘，亦有内因。外缘是银行的发达。当初大清银行在山西创设分行的时候，曾经邀请各大票号加入，各大票号却不理会；在那时候，因为时势的推移，生意已经很坏，但它们还是愿意坐守老营盘，死用老法子，一点儿也不想改变，结果自然是一个自摧上殿！内因是子弟的不争气。听说票号人家的子弟最好是坐享，唯恐他们不肯坐享，所以很早便使他们抽上大烟，使他们进一步地“卧享”；所谓“欲得其中，必求乎上”的道理，票号人家的父兄是极明白的。在票号全盛的时期里，坐享就等于守成，自然不能说全无用处，但可惜全盛的时期是有限制的，而坐享的能力却是无限制的，结果，票号已经倒闭光了，坐享的人数却有加无减，到现在有许多人家已经坐享到窗，坐享到砖瓦，像孟家那样的花园变做校园、享堂变做讲堂的，已经要算是消化力薄弱的了。目前在这坐享的过程里，唯一的合乎经济原则的进步，是黑的鸦片烟已经换了白的海洛因！

因为知道了些太谷已往的繁华，我和另外两位所谓夏令会的领袖便在五号下午进城逛了一次。我不久以前到过扬州，想起今昔相比，扬州和太谷也许有些相像的地方，所以这进城的一举便觉得更不可少了。进城以后的第一个印象并不坏，街道虽不很整齐，街面上的房子却都很讲究，还保全着几分票号全盛时代的气象。太谷的房子，不但造得坚实，并且大门口总有一些镂空和涂颜色的结构。这些，至少在沿街的建筑上，确乎是不像有过什么变迁。内容却不尽然了。一路店铺很多，并且铺面都很阔大，但生意却清淡。最多的铺子似乎是有三种，一是古董铺，二是茶叶铺，三是药材铺；古董铺代表以前的阔绰，茶叶铺代表以前的闲暇，药材铺代表以前的“财多身弱”！古董铺一起总有十多家，我们一个一个都进去了，这并不表示我们的阔绰，不过表示我们的妄生希冀，想沾一点以前别人家阔绰的余润罢了。听说票号人家的古董现在都出来了，真是便宜得了不得，谁不想拓便宜货呢？结果，最阔绰的我花了不到两块钱，买了两三件小玩意儿，其中有一串古钱，还有一些价值；却是路上摊子上的东西，并不是古董店里的，其余只好算是不虚此行的一些标识罢了。其他两位，今秋都要到美国去，所以就挑了一些镂空的玉的小件，好到那里送人。

在古董店里进出以后，你就完全明白，太谷是一个破落的城池，是全中国的一个缩影。它以前的繁华已经分化为一些零星的玉器，一些破碎的古玩，只合向外边比较不破落的地方散布出去。在这一点上，太谷是无疑地很像扬州。但扬州的绿杨城郭，在这里是连梦境里也不会有的。扬州破落之余，至今还流传着种种教身体舒服的艺术，这些在太谷似乎也谈不到。我们在会里吃了好几天的醋拌面，想到这里来换换口味，结果却是一大失望，醋算是不用了，但见了那菜，胃口也就降到了零度。我们到的那一家菜馆里，有女招待，倒是一种意料之外的新兴的局面！

7月4日那天，我们到凤凰山去了一趟。凤凰山在太谷的北乡，离城有三四十里。平常总得步行，我们那天却是坐了蓝呢大轿去的。那轿子真大，制造得也很讲究，显而易见又是票号文明的一种产物，听说在以前虽是常用之物，现在却只有做媒的人才有偶尔一坐的权利。我们像在太谷城里买古董一样，算又沾了一些以前别人家阔绰的余润了！但我们这次，倒也并不是毫无名义的。

我们到凤凰山，不是去逛，而是赴两个夏令营，一个是少年夏令营，在龙泉寺；一个是少女夏令营，地点是遍西七八里的另一座大庙，本地人叫做“神头”。坐了蓝呢大轿，先奔少年营，后奔少女营，在两次所谈的又是一些青年生活的问题。在少年营里我的专题又是“性的卫生”——这其间不也多少有一些做媒人的意味么？所以我对同行的那位江先生说，我们这次也不能说完全是无功受禄。龙泉寺和“神头”都有泉水，很清洌，在干旱的平地上住了好几天以后，得此也真是一件称心乐事。在龙泉寺的少年营里，遇见一位在山西专做拒毒工作的刘先生，从他那里，知道了一些山西最近在这一方面的状况。海洛因，本地人叫做“料面”，确乎是很普遍；但省府的查禁，也很严厉，不久以前还枪毙了一向在孙殿英手下当师长的一个姓金的“料犯”，一时舆论为之大快。同时政府方面也出卖一种用鸦片做的“戒烟药饼”，对于这一层，许多人很不满意，以为实在等于鸦片公卖。

凤凰山并不很高，但在本地人心目中，它是非同小可的。他们说，这是一座镇风水的山，在以前钟灵毓秀的时代，可以出天子，现在至少也出了一位孔庸之先生。这见地不错，我希望任何地方的民众，对于本地的山川风土人物，都有这种爱护的看法，稍微带一点迷信，也不妨事；但太谷的民众把以前票号时代的许多领袖人物给忘记了，难道凤凰山的良好的风水，对他们没有影响么？但说也奇怪，以前的太谷虽然是一个经济的重镇，却不是一个文化的重心，文化的重心在遍西南的汾河流域。

（选自《华年》1934 年 8 月 18 日第 3 卷第 33 期）

从太谷回太原

——豫晋行程的第六段

7月7日那天，我们就向山西夏令会的一班朋友和风水极好的凤凰山告别。从太原到太谷容易，从太谷回太原却发生了困难。铁道虽有两条，我们在前两星期的通讯里说过，一条只有土方，一条还没有照常通车。汽车呢，从南边开来的都是拥挤不堪，无立足之地；所以只得另想法子。加上那几天里刚下过一次大雨，山洪照例地暴发（这在整个的北方，是夏秋两季的例行公事，故曰照例），公路所必经的一条潇河，本来没有多大水的，现在平白地泛滥起来，即使有车可坐，怕也走不过去。幸亏六日七日两天都是晴的，水落了不少，从太原来的人都说大车因为轮大身高，已经可以过去，小车却还难说。但到了7日上午，我们费了许多力量才向太谷医院雇的车子来到以后，我们一行二人——还有一位是江先生——就毅然决然地走了。

我们一面鼓着勇气，一面却也怀着鬼胎。要是过不了潇河的话，那就得半路改坐人力车到榆次，再搭正太路至太原，那其间的麻烦，不知道要加上多少倍。到了潇河一看，情形还好，正在涉水和准备着涉水的车子很多，大的有好几辆，小的也有；尤其多的乃是一般帮同推挽的苦力。原来涉水的时候，最好是把引擎按住不动，否则水一进去，就要发生问题；所以要有人推挽。这些苦力却有趣，他们虽不是羲皇上人，至少可以教我们回想到比《诗经》更早的一个时代。《诗经》时代的人褰裳涉溱或褰裳涉洧，他们却不但无裳可褰，并且比在海滨浴场或游泳池以内的“摩登”人物以及到中国来献技的西洋歌舞团的团员，还要坦白得多。我们的车子少待以后，也就请他们如法炮制地把我们送了过来，我们把车门关得紧紧的，车夫也按兵不动，所以一滴水都没有进来。河的这边早就有另一辆小车候着摆渡。要是寻常在河边上的诗境之一是“柳边人歇待船归”，到这里便变做“柳边车歇待人归”了！人就是推挽的苦力。这辆小车里的人物，却好是一位姓孙的军官，是十多年前的老同学，是到太谷去看孔部长的。

我们原定的计划是，假若能过潇河，我们便先到晋祠，再回太原，否则因为时间上支配不过来，只好留待下次再到太原的时候去了。如今居然如愿以偿，我们是 11 点钟光景离开太谷的，下午 1 点钟我们过太原南关走上到汾阳的公路，跨过汾河，一点半钟便到了晋祠。晋祠在太原城西南五十里，是省城附近的第一个名胜。它是一座规模很大的古庙，背山面水，山叫做悬瓮山，水叫做晋水，祠即因此得名。祠中的庙宇，沿着山坡建筑，正不知有多少？张庆亨和卫聚贤的两本《晋祠指南》都记载得很详细，但对于初次观光的人，来去匆匆，似乎也不能有多大帮助。相传这祠里的主庙是替周成王的兄弟唐叔虞建的，但据现在的形势看来，主庙实在是圣母庙，规模最大，地位也最居中。汽车从北边的延厘门进，过了一座小桥叫做太山桥以后，便是一片场地，可以停车。场地的中间是一座戏台，叫水镜台；台的对面，向西，又是一条石桥，叫铁汉桥。两条桥所跨的水叫海清河，就是晋水所从流出的一条小河。那水是清到十二分，水底下碧绿的草一根一根的可以数，并且不住地在那里颤动，好像顺风招展着的头发一般，真是幽美极了。桥的那边是金人台，又叫做古莲花台，上面有四尊铁像，比活人还大得一些，是镇水用的，可知以前的晋水比现在大，也许有时候会“暴发”而成“山洪”，所以有镇压的必要；要是像现在那样幽静的一泓，就绝对用不着镇压了。我们如今望望台上的铁人，再看看桥下的一股水，真觉得有些太不配称。铁人的年代很老，有两个是宋朝的，在西南角上的一个最老，胸口还铸着一篇记，说：“维大宋太原府故绵州魏城令刘植、县君张氏、男元吉、新妇谢氏、房弟延昌、侄万、孙男应乡贡进士世安、世臣、世顺、进士重孙莹，谨卜绍圣四年三月朔日，立此金神，彰阴报；一人积德于百年，后裔承恩用于四世；常修祖业，望盛昌于无穷，献尔丹诚，庶永期于不朽。外甥乡贡进士张鉴记。”我为什么把这篇记抄下来呢？铁人的用处虽在镇水，但捐铸人的目的却在彰显祖宗积德之报，足见中国人的宗教信仰，无往而不以家族血统的维持做一个归宿！金人台后，过了一座牌坊，一所献殿，又一座十字形的桥梁，便是圣母殿了。圣母究竟是谁，有两说，一说是唐叔的母亲邑姜，一说是晋水的女神，所以以前也叫做“晋源神祠”；到了明朝，才另外造了一座水母祠，于是邑姜的地位乃确定。从圣母殿朝北，循了石级向西向上走去，便是一些零星的小庙，没有什么可逛，不过石级下面的一棵柏树却古怪得有趣；相传是周柏，但据卫聚贤氏的考证，也许是六朝柏。随后我们就出去喝茶吃饭，茶叶是我随身带的，水当然是晋水的了，味道之好，不减于虎跑。饭后由当地志勤图书馆的聂先生等领导着回到祠中，在白鹤亭上坐了一会，买了两三种碑帖，其中最重要的当然是唐太宗写的那本《晋祠之铭》。我们离开晋祠，已经快四点钟。

在太原又耽搁了一夜。在太阳落山以前，我们又到市上去逛了一次。在靴巷的书业城买了几种书，其中最有价值的要算抄本的《寿阳祁氏家谱》。又到了剪子巷，但没有什么书可买；以前出名的“并州剪”，现在连影子也看不见。又驱车到一处名四道巷，是太原娼妓的隔离区域。太原采用欧洲大陆的隔离与检验制，到今已逾十年；当它初创的那年我记得还写过一篇反对的文章，始终没有发表；所以这次非来观光一下不可。但所见也没有什么特别，检验所是有一所的，在第四道巷里，但究属检验得多么小心，有几分卫生的效用，就不得而知了。无论如何，就西洋的经验而论，此种制度实在是要不得的。

山西的任务完毕以后，我还要到趟北平。原定由同太公路打大同走，可以看看云冈的石佛，所以 8 号起了一个大早，到北关赶汽车；不想前几天的大雨，把一座桥冲毁了，于是只好退回，改搭午刻的正太车，由原路出山西省境。濒行以前，又到民众教育馆参观了一下，望了一望不久以前在万泉出土的陶器。馆址本来是孔庙，又正在整理中，所以这些陶器暂时堆在两庑之下，完整的几乎没有，但想起它们的年代，已经是弥足贵重了。

此行一路受了许多人的照拂和招待，尤其是开封和太原两处的青年会里的中西同工。这是我很感激的。

（选自《华年》1934 年 8 月 25 日第 3 卷第 34 期）